形体训练教程

徐桂云　编著

山东大学出版社

序

为了认真贯彻教育部《关于全面提高高等职业教育教学质量的若干意见》(教高[2006]16 号)的文件精神,继续推进高等职业教育改革,培养学生的综合职业素质和终身学习能力,我们组织编写了这套“模块化、学分制高职高专系列校本教材”。本教材是以教育部颁布的《高职高专各专业教学指导方案》为依据,以探索实施“学分制和弹性学制”的指导思想、课程体系与结构为思路,结合山东省职业教育与成人教育“十一五”规划重点立项课题“职业院校模块化、学分制校本教材的研究与开发”的实践研究和参编教师在课程模式改革中的具体经验及体会编写而成。

本教材的宗旨是为高职高专各专业教学提供一个公共平台知识模块,以便于学生在此基础上再进一步学习相关专业的专业模块知识。本教材的结构设置共分为三大模块,即基础知识模块、实践技能模块和选学知识模块。本教材在内容取舍上遵循以服务为宗旨、以就业为导向、以培养学生综合职业能力为本位的原则,突出实用型和技能型人才的培养,力争使教学内容更加适应于社会、行业、岗位的需求,更加切合学生学习和掌握职业技能的实际。

我们在编写过程中力图贯彻教材的思想性、科学性、适用性、实用性和创新性原则,并能体现职业教育的三个“零距离”对接:加大教学改革力度,实现课堂教学与就业岗位“零距离”对接;强化实践教学环节,努力构建“仿真”或“全真”教学,实现与职业工作环境的“零距离”对接;加强工学结合、顶岗实习的规范性和内涵建设,实现毕业生就业的“零距离”对接。因此,我们强调教材内容不要过专,学科体系不要过细,以保证必知、必会内容为基础;突出“做中学,做中教”的职业教育特点;符合专业培养目标和课程教学基本要求,并与时俱进,有所发展。本教材的特点突出,图、文、表并茂,易学、易懂、易会。我们希望能帮助学生掌握学习方法,自觉学习,使教材更具有适用性和实用性。

本教材力求编写格局统一，并能体现以目标教学为主的教学模式，融入知识、技能、态度三项目标要求，以便于在教学中目标明确、重点突出。学习内容之后有目标检测题，有助于师生在教学活动中及时测评。教材最后还附有学科课程教学基本要求和学时分配表，以供在教学中参照使用和计算学时、学分之用。

本教材在编写过程中受到了上级主管部门领导的全力支持，得到了有关专家和同行的精心指导与协助，在此深表谢意！同时还要感谢各位主编和学科课程组各位同事的通力协作和共同努力。

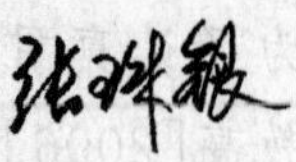

2009 年 8 月

前　言

为了在社会教育活动中进行广泛的审美教育，为了大力推进校园文化建设，营造具有时代特性、健康向上和高雅文明的校园文化氛围，为社会培养和输送具有全面素质的人才，我们着手编写了这本《形体训练教程》来加强和完善形体教育课程，并将这项教育作为美育课程之一。几年来，形体训练课程很受同学们的欢迎，学生在学习中掌握形体训练的基本知识，完善自己的形体和精神气质，起到了良好的美育效果。随着社会文明的发展，越来越多的人认识到，通过形体教育，不仅能增强身体机能使之健康发展，而且能改变人的形体姿态，陶冶人的思想情操，丰富人的想象力和创造力。

本书共分三章。第一章：形体基本理论，包括形体概述，形体训练的意义和作用，形体与职业礼仪，人体形态的规格要求等。第二章：形体训练，包括热身体操，形体基础训练，协调与平衡素质训练等。第三章：健美操，包括健美操概述，健美操基本动作简介以及两套健美操组合，两套女子仪态操组合等。

本教材适合三年制和五年制的学生使用。根据学生特点，由浅入深，从人体的头、颈、肩、胸、腰、髋、腿以及四肢基本动作规范训练开始，循序渐进，使其动作规范、灵活，然后进行协调与平衡训练。同时，结合女子仪态操，注重对音乐欣赏能力的培养，结合初级健美操，进行动作协调性、灵活性、力度的训练，使身体呈“S”型的动态，各部位之间相互呼应，形成流畅的韵律之美。动作练习的程序从单一型开始，然后过渡到简单的组合型。

教材所用动作图片，全部由本书作者拍摄制作。为了使学生尽快掌握本教程所介绍的各种技巧，在编写过程中参考了中外有关形体训练教学的方法。由于受到课时的限制，也增加了本教材选材的难度，加之经验不足，不当之处在所难免,望读者及专家提出意见和建议,以便日臻完善。

在创编《形体训练教程》的过程中,得到了学校领导和专业同仁的大力支持和帮助,在此表示感谢!

编　者

2009 年 5 月

目录

第1章

形体基本理论

对美的热爱和追求是人类的共性。我国著名美学家朱光潜先生曾说："人体以它生动柔和的线条和轮廓，有力的体魄和匀称的体态，滋润、光泽、透明的色彩成为在自然中最完美的部分，标志着我们这个星球上最高级生命的尊严。"

教学目标

1. 通过理论学习，使学生能正确认识形体美，理解形体美的基本特征及基本因素，培养正确的审美观。

2. 让学生深刻认识形体训练的意义和作用，指导学生科学的健美方法，端正学习态度，激发学习兴趣，明确学习目标。

3. 初步掌握形体姿态的规格及要求，在职业生涯中树立良好的体态意识和观念。

从美学的角度，理想的形体表现在：男子肌肉均匀发达，体魄健壮，肩宽而平，上体呈倒三角形，下肢修长而有力度，整个外观刚劲有力，充满了阳刚和坚忍不拔的气度。从古典雕塑中，我们可以发现人们赋予了人体美的典范。如意大利文艺复兴时期米开朗基罗的雕塑作品《大卫》，雕像左手持投石器的机弦，左腿向前迈出半步，身体略微后倾，做出准备战斗的动势，深化了英雄形象，在艺术上大胆地显示人体的完美。由此，我们联想到军人戎装佩剑，手握权柄，昂首挺胸，阔步前进，双目注视前方，表情刚毅、凝重，充满捍卫祖国主权与尊严的激情与力量，一种雄壮之美展现在人们眼前，极具感染力。享有"亚洲飞人"美称的刘翔，同时也是被国外媒体誉为"优雅男孩"，他那能与大雁比美的雄姿，双手高举国旗于头顶，昂首目视前方，领奖台上，那种自信与豪迈，无不表现出强健的体魄和冠军气度，给人一种勇敢精神和坚强性格的魅力之美。女子皮肤有一定的脂肪含量，显得光洁娇嫩，胸部要饱满、挺拔，腰部要求立、细，臀部丰满不会下垂，腿部修长而灵活。在女子体态优雅的典范中，我们自然会想到维纳斯，她双臂虽然残缺，但丰腴饱满的身躯和端庄大方的面容，仍给人以完美的感觉，无论从任何角度来看都富有统一而变化的美。她那娴静的眼神和自信的微笑蕴含着内在的美德，与动人的身姿相呼应，体现了人们审美的理想，即外在美与内在美的统一，并为世人所赞美，享有“断臂美神”之誉。

形体训练是帮助人们获得健康和完美体型的重要方式。长期的科学形体训练，让你拥有比一般人更强健的体魄，饱满的精神，明亮的眼睛，光洁的皮肤，举手投足都洋溢着生命的活力，这是人体美的本质，是一种不加任何修饰的自然美。

在当今世界，从国际奥林匹克到国内社会的发展要求，形体健美已经成为一个国家文明的标志，已成为人类最宝贵的精神财富。

一、什么是形体美

形体美是指人的身体形状、气度、修养能给人以美的感觉。人体的高度和围度这两个方面能够表现出形体和谐与匀称，并在总体上显示出一个人的健康和活力。塑造形体美要注意以下几个基本因素：

1. 高度。人体的高度是构成形体美的一个主要因素，虽说它在很大程度上受到遗传因素的影响，但也不是绝对的，如能抓住生长发育的有利时机，通过有效的体育活动并注重合理的营养摄入，那么人体的高度是完全可以提高的。

2. 围度。要使人的体形能够给人以美的感觉，身体各部位的围度也是一个及其重要的因素。需要通过调节胸围、腰围、臀围、腿围、臂围度来表现一个美的体形。调节身体的围度，首先是把分布在人体骨骼周围的肌肉和脂肪，通过有效的活动并辅之以合理的营养摄入来改变。所谓有效的活动，是指以科学系统的方法对身体进行形体美的规范化训练，从而使身体形状能逐步地趋向和达到美的体型。

3. 体型的协调、匀称。科学的形体训练，必须以人体解剖生理学为依据，对不同年龄和性别应采取不同的训练方法。对于青少年应采用针对性的训练原则进行规范化训练，对其身体某一部位的薄弱环节以及不匀称的部位进行强化训练，并使之持之以恒，只有这样才能真正达到形体美的要求。科学化、规范化的形体训练，具有增强体质，改善体形，加强身体灵活性和协调性等效应。

4. 良好的运动器官。大、中专学生的运动器官的发育特点，一般表现为骨骼发育已基本完成，肌肉发展已进入最佳期（16～20周岁）。由于性别特点，女子在这一时期，骨骼的弹性和柔韧性比同时期的男性较好，皮下脂肪发展迅速。如果这一时期不注意体形锻炼，可导致身体向过胖或过瘦。虽然有些同学经常参加体育活动，但由于过多或过少地使用一些部位，从而造成体形的不匀称。

二、形体训练的意义和作用

根据大、中专学生生理特点，下面从人体解剖生理学的角度，论述对身体进行科学化、规范化训练的重要意义和作用。

1. 科学化、规范化的形体训练，能促进身体各部位之间的协调发展，还能有效地针对身体某些部位进行整型训练。使肌肉和骨骼向健康方向发展，还可以避免和矫治因姿势不正，某一肢体负荷过重形成的肢体畸形以及脊柱侧弯等症状。

2. 科学化、规范化的形体训练还能改进身体的机能状况，促使身体营养成分的重新分配。训练中科学的呼吸方法还能改善胸腔的通透气环境，促进胸部器官的发育，提高心血管系统的功能，女子经过科学系统的训练更能增强肌肉的弹性，增加皮肤的光泽，使生理曲线更加和谐流畅，充分体现女子的曲线美，从而使青春充满生机和活力，让生命之花更绚丽。

3. 形体训练来源于舞蹈形体以及健美形体艺术，通过人体各部位技能训练动作，来解放和规范身体，使身体的灵活性、稳定感、协调感增强，从而改变人体自然的松懈状态，使站立形体自然得体、精神饱满，男士显得挺拔、稳健，女士则亭亭玉立；使步态从容、协调、稳健、轻松、敏捷，步速均匀，有节奏，给人一种高雅、气质的美感；使举止显得优雅、大方、亲切、自然；使“身势语”（或“体态语”）体现语言难以表达的魅力。

4. 形体教育与音乐的节奏、旋律结合起来，不仅在人的形体健美上、手脚灵巧敏捷上、步履轻盈上有着特殊的作用，而且在培养人的审美能力，丰富人的想象力和创造力，培养其乐感和自信心，使自己对生活和学习充满信心，陶冶美的情操，培养高尚的思想品德等方面都有着不可忽略的作用。正如苏格拉底所说：“节奏与乐调能强烈地浸入心灵的深处，如果教育方式适合，它们就会拿美去浸润心灵。”

5. 加强形体训练不仅可以使身体健美，而且还能在心理素质方面得到锻炼和提高。在美国，教育系统里形体教育可以强身健体，纠正姿态，调理肌肉，使动作准确，使身体健美。在心理方面，对适应团体活动、接受组织教育、遵守公共秩序有帮助；对个人言行举止、表情达意有益处。对每个人来说，形体训练无论是在心理或生理上都是有益的。同时，只有通过形体训练，才能从根本上改变一个人的形体姿态，提高一个人的精神气质和风度，所以，形体教育具有重要的价值和作用，是其他任何教育所无法替代的。

随着社会物质文明和精神文明的不断发展与完善，国家对社会人的整体素质标准及要求越来越高，形体教育将会进入现代科学的教育领域。

三、形体与职业要求

每个人都是一个流动的造型体，在空间运动中构成许多姿态。如：优美端庄的坐姿，挺拔规矩的站姿，轻盈矫健的走姿，健康的表情，恰当的手势等。一个人的姿态、举止是其才华和修养的重要外在体现，是个人魅力的重要方面，在与他人交往中起着重要的作用。讲究形体美，不但反映一个人的气质和风度，也会受到他人的尊重，能够帮助一个人走向成功；倡导形体美不但体现个人、团体的形象，也显示整个国家的经济水平和健康文明程度。

只有通过有效的基础形体训练，增强美的形体意识，培养形体美的鉴赏能力，从而学会欣赏美、创造美，才能具有良好的体态，优雅的气质和风度，使美的形态真实而自然地体现出来。这种气质反映在工作和生活中，就有助于体现一个人的学识、文化修养，思想、道德修养，精神、情操修养，而且它是你立足于世的手段。我们认真思考一下，为什么受过同样教育的人，其中有些人容易被人愉快地接受？这是因为他们拥有“形体优雅的魅力”，而其他人却没有。正如维纳斯若没有优雅气质的话，就不会被誉为“美神”，“优雅”已经成为维纳斯的一部分。我们经常发现，因为缺少优雅，最为关键的品格、美德与知识便被人们忽略、冷漠，甚至是抛弃了！如果没有优雅体态的伴随，一种品格上的美，也会缺乏吸引力。就像一颗弥足珍贵的钻石，如果不经过精雕细琢，它就永远不会被人佩戴，也不会熠熠发光。

文明、优雅的举止，最能体现一个人的文化修养和职业道德素养。在工作岗位上，坐、立、行姿态，与同事、患者的致意、手势等交际方式以及在护理工作中操作的娴熟，还有面部的表情，例如，眼神，鼻翼的扇动，嘴的动作表情等等，这些形体姿态以及形体语言都能不同程度地、准确地反映护士的整体素质和形象。

四、身体形态的规格要求

经过规范、严谨、科学的训练方法，使人的形体展示出一种自然的、优美的、流畅的动作姿态，它主要表现在开、直、立姿态特征上。开，是指髋关节向人体两侧外开，髋关节的打开，舒展了人体的线条，增加了人体下肢的表现能力。直，指人体重心的垂直。无论坐立、站立还是行走，都有一个重心垂直的问题，如果重心出了偏差，就会出现动作姿态不稳定，使身体摇摆晃动。立，指人体每一个关节、肌肉向上提，仿佛人体变得越来越轻。

（一）站立与身体形态的规格要求

站姿是优美姿态的基础，处于站立时的姿态最容易表现一个人的姿态特征。准确健美的站姿会给人以挺拔笔直、精力充沛、信心十足、积极向上的印象。所以，要从人体的一个自然状态变成我们理想的非自然形体状态，就必须从站立开始训练。

我们把人体站立时身体形态的要求分为头部的要求，颈的要求，背部的要求，身体中段的要求，腿部的要求，脚部的要求。身体站立时，要求头端正，不要歪，不低头，不仰头，头顶向上长，好像顶着东西一样，下巴不要伸，不要抬，整个头部要保持水平；目光自信，平视远方；颈部立直，有向上拔的感觉，要垂直地面，下颚与地面平行，不要前伸、后仰，双肩平稳自然下垂，伸直脊椎和后部；背，向两边扩展延伸，不含胸、挤背；扩胸，两侧肋骨要收；腹部特别是小腹部位向脊椎收缩，抬升横膈膜，加强对下背部和腰椎的伸展；提髋，开髋，髋关节好像被两只钉子固定一样，不松懈；膝盖向上紧缩，双膝内侧收紧；双腿伸展，两腿靠紧以形成有力的支架来支撑身体；双脚并拢站立，双脚跟、脚大拇指靠拢，用力向下踩，五指张开，像猫爪子抓在地上，脚掌用力着地。这种形体给人一种挺拔、精神的感觉。

深吸气，扩张胸廓。呼气，腹部向脊椎收缩，两臂自然下垂，双手放在身体两侧。胸部和双肩舒展。感觉身体从脊柱中部向上拉伸，手臂和手指向下伸展。

好的站姿是一个稳定的姿势，让人产生一种力量感和稳定感。如果站姿受到精神与想象力的影响而不能保持平衡，身体就会有自然摇摆的倾向。控制好这种倾向以便集中注意力，加强意志，提升平衡。练习时感觉身体再慢慢长高，把注意力集中到这种感觉上，有助于身体的平衡。想象身体正被一根绳索吊着头顶往上拉。两眼凝视于一点也有助于平衡。

（二）行走姿态的规格要求

行走的姿态属动态美，是流动的造型体，最能体现一个人的精神面貌。从一个人的走路姿态就可以了解他是自信还是失意，是欢乐还是苦闷，是精力充沛还是无精打采。年轻人的步履应该是自然、轻盈、敏捷、矫健的，做到以大关节带动小关节，全身舒展。

护士在人们心目中是“白衣天使”的形象，行姿应该是轻盈、敏捷，如春风吹过，给人以轻巧、美观、柔和之感，显示出护士的端庄、优雅、健美与朝气。基本要求如下：

1. 走路姿态要端庄，脚步要轻，头正颈直，目光平视，挺胸收肋，重心稍靠前，立腰、立背，腿部伸直，整个身体显得比较舒展。

2. 起步稍前倾，脚尖略开向前伸出，脚跟先接触地面，依靠后腿将身体重心推送到前脚掌，使身体前移。禁止身体左右摇摆、晃动；步幅一脚之长。

3. 手臂伸直放松，手指自然弯曲，摆动时，要以肩关节为轴，上臂带动前臂。向前摆动时，手臂要摆直线，肘关节略屈，前臂不要向上晃动。向后摆动时，手臂外开不超过30度，前后摆动的幅度为30～40厘米。

4. 停步、拐弯、上下楼梯时，不要着急，应从容不迫，控制自如，让人感到协调稳健，轻松敏捷。走姿练习时，做到轻盈、矫健、挺拔、有力、协调、稳定。

5. 全身协调，匀速直线行进，有节奏感。

测试题

1. 什么是形体美？

2. 简述理想的形体表现，形体美的基本因素。

3. 简述形体训练的意义和作用。

4. 示范人体姿态的规格要求。

【本章小结】本章我们主要学习了形体的基本理论常识，包括怎么理解形体美，形体美的基本特征表现在哪里，构成形体美的基本因素以及形体训练的意义和作用。同时，我们认识到形体姿态与职业的规格要求。要求学生理解上述基本内容，树立正确的学习观点和态度，并能运用科学有效的训练方法来指导将来的形体训练。

第2章

形体训练

第1节　热身体操

教学目标

1. 熟练、准确掌握热身体操的基本动作及动作要领。

2. 简捷分解、示范动作，让学生很快熟悉动作路线，通过领、练（集体、分组、个体展示）等方法，提高学习兴趣，达到轻松热身目的。

3. 在有养锻炼中，学会正确的呼吸方法，要求呼吸均匀自然，以两拍吸气，两拍呼气为最佳呼吸方法。

4. 动作的幅度必须由小到大，逐步展开。

一、热身目的

在形体课正式训练之前，适当地安排几分钟的热身动作，目的是为了增强脉搏跳动的速度，舒展身体每一部位的肌肉，增加血液循环，使其逐渐兴奋起来，积极地投入到训练中去。如果训练开始之前不作任何热身运动，“冷”的肌肉、“冷”的情绪会使人松散，不利于进一步训练。

二、基本动作

音乐 2/4 拍，中速。

踏步 2×8 拍

准备姿态：正步站立，双臂自然下垂。

第 1 拍：左脚踏地，右脚前小吸腿 45 度，双臂自然左右摆动。(见图 2.1.1)

第 2 拍：右脚落回原地，左脚前小吸腿 45 度，双臂自然左右摆动。

第 3～8 拍：重复第 1、2 拍动作。

2×8 拍重复上面动作。

图 2.1.1

高抬腿踏步 2×8 拍

准备姿态：正步站立，双手叉腰位。

第 1 拍：左脚踏地，右脚前小吸腿 90 度，双臂自然左右摆动。

第 2 拍：右脚落回原地，左脚前小吸腿 90 度，双臂自然左右摆动。

第 3～8 拍：重复第 1、2 拍动作。

2×8 拍重复上面动作。

(替换动作：直臂握拳，做侧平举、上举、平举、还原动作)

踮脚前踢腿 2×8 拍

准备姿态：正步站立，双手叉腰。

第 1 拍：左脚原地踏一步，同时左腿半蹲，右脚前小吸腿。

第 2 拍：左腿伸直立半脚尖，同时右腿向前踢腿。(见图 2.1.2)

第 3～4 拍：做 1～2 相反动作。

第 5～8 拍：重复 1～4 拍动作。

2×8 拍重复动作。

图 2.1.2

踮脚前吸腿 2×8 拍

准备姿态：正步站立，双手叉腰。

第 1 拍：左脚原地踏一步，同时左腿稍屈，右脚准备抬起。

第 2 拍：左腿伸直，立半脚尖，同时右腿向前 90 度吸腿。(见图 2.1.3)

第 3～4 拍：做 1～2 拍相反动作。

2×8 拍重复动作。

三步吸腿拍手跳 2×8 拍

准备姿态：正步站立，双手自然下垂。

第 1～3 拍：左脚起向前走三步。

图 2.1.3

第 4 拍:左脚原地踮跳一次,吸右腿,双手在胸前击掌。(见图 2.1.4)

第 5~7 拍:右脚起向后退三步。

第 8 拍:右脚原地踮跳一次,吸左腿,双手在胸前击掌。

2×8 拍重复上面动作。

图 2.1.4

"一"字步 2×8 拍

准备姿态:正步站立,双臂自然下垂。

第 1 拍:左脚向前一步,左臂前举。

第 2 拍:右脚跟上,右臂前举。

第 3 拍:左脚向后一步还原,同时双臂向侧展开。

第 4 拍:右脚跟上还原,同时双臂还原。

第 5~8 拍:重复第 1~4 拍动作。

2×8 拍重复动作。

原地后踢小跑步 2×8 拍

准备姿态:正步站立,双手叉腰。

第 1 拍:左脚原地跳一步,同时右脚绷脚后踢小腿。(见图 2.1.5)

第 2 拍:右脚原地跳一步,同时左脚绷脚后踢小腿。

第 3~8 拍:重复第 1、2 拍动作。

2×8 拍重复动作。

图 2.1.5

原地小跑,摆臂 2×8 拍

准备姿态:正步站立,双臂自然下垂。

第 1 拍:左脚原地跳一步,同时右脚绷脚,后踢小腿,双臂侧平举。(见图 2.1.6)

第 2 拍:右脚原地跳一步,同时左脚绷脚,后踢小腿,双臂侧上举、交叉打开。

第 3 拍:同第一拍动作。

第 4 拍:右脚原地跳一步,同时左脚绷脚,后踢小腿,双臂收回。

2×8 拍重复动作。

图 2.1.6

开、合跳 2×8 拍

准备姿态:正步站立,双手叉腰。

第 1~4 拍:双手叉腰,左脚起向前四步。

第 5～8 拍:开、合步各跳一次。

第 2 个 8 拍:各做四次开、合跳,同时双臂做侧平、上举、侧平举、还原动作。

2×8 拍重复动作。

侧并步,上下摆臂 2×8 拍

准备姿态:正步站立,双臂自然下垂。

1～2 拍:左脚向左跨一步,双臂屈于腰间握拳。右脚并步,双臂打开上举。(见图 2.1.7)

图 2.1.7

3～4 拍:右脚向右跨一步,双臂屈于腰间握拳。左脚并步,双臂打开上举。

第 5～8 拍:重复上面动作。

2×8 拍重复。以同样动作做侧并步两步 2×8 拍。

交叉步,左右摆臂 2×8 拍

准备姿态:正步站立,双臂自然下垂。

第 1 拍:左脚向左跨一步,双臂向侧打开。(见图 2.1.8)

图 2.1.8

第 2 拍:右脚交叉步跟上,双臂体前交叉。

第 3 拍:左脚向左再跨一步,双臂向侧打开。

第 4 拍:右脚交叉步跟上,双臂体前交叉。

第 5～8 拍:踮步踢腿,双臂依次前举,还原。

第 2×8 拍:做反面动作。

2×8 拍反复。

三步摆腿、摆臂 2×8 拍

准备姿态:正步站立,双手自然下垂。

第 1～4 拍:左脚起向前走三步,第四拍,左脚踮跳,右腿后摆,同时左臂向前上方摆动,右臂向后上方摆动。

第 5～8 拍:右脚起向后退三步,第四拍,右脚踮跳,左腿后摆,同时右臂向前上方摆动,左臂向后上方摆动。(见图 2.1.9)

图 2.1.9

2×8 拍重复。替换动作:双臂侧前上举。

跳并步,绕大臂、屈臂 2×8 拍

准备姿态:正步站立,双手自然下垂。

第 1～2 拍:左脚向左跳一步,双臂从左向右绕大臂,右脚跟上。(见图 2.1.10)

第 3～4 拍：左脚向左再跳一步，右脚后踢、抬小腿，双手握拳、屈肘于胸前。（见图 2.1.11）

图 2.1.10

图 2.1.11

第 5～8 拍：做相反方向动作。

2×8 拍反复。

踏步放松，调整呼吸 2×8 拍。

【教学提示】

1. 在学习与练习过程中，要善于规范和检查每一部分动作是否准确、连贯。

2. 积极调动身体机能和各部分肌肉、关节，使动作协调、舒展，节奏感强，动作才富有美感。

3. 每次要求做 4～5 分钟，才能达到热身目的。

4. 保持良好的精神状态，运用科学的呼吸方法，训练效果最佳。

第 2 节　形体基础训练

教学目标

1. 理解和掌握手、脚的基本形态、位置以及身体的方向。

2. 通过练习，能够准确掌握头、肩、胸、肋、腰及腿的基本动作及其位置和方向。

3. 增强动作幅度，使头、肩、胸、肋、腰及腿能够充分伸展，有效地拉伸相关部位的肌肉、关节,增强其协调性和灵活性,达到最佳锻炼效果。

4. 培养学生对音乐的感受能力,包括音乐的旋律和节奏,使动作富有节律和美感。

一、手、脚的基本形态和位置

(一)手的基本形态

1. 掌:五指并拢伸直。(见图 2.2.1)
2. 拳:四指并拢弯曲,拇指弯曲紧贴于食指和中指。(见图 2.2.2)
3. 兰花指:五指自然放松稍带弧形,大拇指和中指稍靠近。(见图 2.2.3)

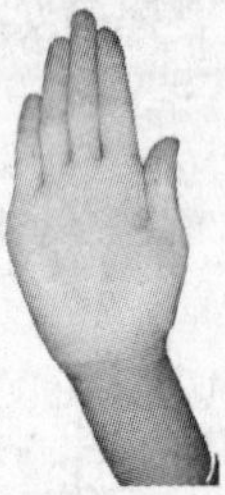

图 2.2.1

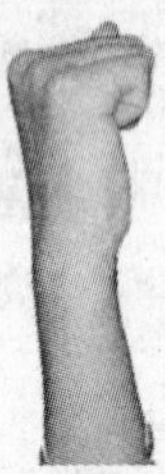

图 2.2.2

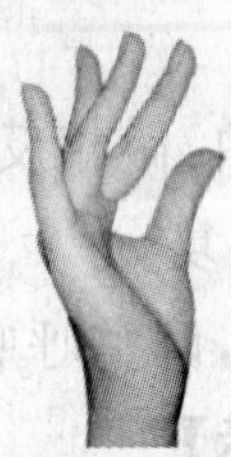

图 2.2.3

(二)手的基本位置

1. 背手位:女性保持兰花指,双手背在身后左右髋关节处,手指向斜下方身体的内侧相对。

2. 叉腰位:女性二至五指保持兰花指状,拇指张开,拇指与中指贴在腰的斜前位置。

3. 山膀:手臂在身体的旁边抬起 90 度,小臂内旋,肘部稍曲。腕部下按,外推成弧形,女性兰花指。

4. 托掌:

(1)正托掌位:手臂保持山膀状,抬至头上方 180 度,手心向斜上方,手指垂直对着同一侧的眉梢,手臂要偏于头前方,抬头时可以看到手。

(2)斜托掌:双臂抬至上方 45 度,肘关节稍曲,女兰花指,可手心向下,也可相上。

(三)脚的基本形态

1. 够脚:脚跟用力向前伸,同时脚趾、脚背勾起。

2. 绷脚：脚背、脚趾用力向地面伸。

(四)脚的基本位置

在练习中，脚的位置有一定的规格和要求，与自然状态有严格的区别。脚的位置准确与否，直接影响到身体的重心、腿部肌肉的形状以及整体的形态。

1. 一字位：双腿保持外旋的同时并紧，两脚跟向两旁成一个"一"字状，注意脚弓要立起，脚的外延及五趾抓住地面。

2. 大一字位：要求同一字位，两脚分开，脚跟距离为一个脚长。

3. 正步：两脚靠紧，脚与膝盖成垂直线向正前方。

4. 八字步：两脚跟相靠，脚尖打开 45 度，对斜前方。

5. 大八字步：要求同一字步，两脚跟距离为一脚半。

6. 丁字步：一脚脚跟靠在另一脚心处，形成丁字型，脚尖对斜前方。

7. 弓步：

(1)前弓步：前腿弯曲 90 度，前脚尖向前方，也可打开到斜前方 45 度；后腿伸直，全脚着地，脚尖向旁打开 45 度或 90 度。重心在两腿之间。

(2)侧弓步：一腿弯曲 90 度，膝盖向旁保持 90 度开外，脚尖向旁；另一腿伸直向旁，脚尖向前方。重心在两腿之间。

8. 前点地：脚向前擦出，大脚趾和第二脚趾点地，脚背向外。

9. 侧点地：脚向侧擦出，脚尖点地，脚背向上。

10. 后点地：脚向后擦出，大脚趾点地，脚背向外。

二、头、肩活动操

(一)头

头的训练对人体基本形态及对姿态完整性有重要影响。

头的动作有：低头、摆头、转头、头绕环。在做头部动作时，应注意以头顶部位去找方向及角度，下巴附随，不可下巴主动。

头活动操(练习一)

准备姿态：正位站立。准备拍四拍。

1～4　保持站立姿态不动。

1～2　低头。(见图 2.2.4)

3～4　还原。

5～6　仰头。(见图 2.2.5)

7～8　还原。

2×8 拍重复动作。

1～2　左摆头。(见图 2.2.6)

图 2.2.4　　图 2.2.5　　图 2.2.6

3～4　还原。

5～6　右摆头。

7～8　还原。

2×8 拍反复。

1～2　低头。

3～4　左摆头。

5～6　仰头。

7～8　右摆头。

1～2　低头。

3～4　右摆头。

5～6　仰头。

7～8　左摆头。

4×8 拍反复。

1～2　左转头。(见图 2.2.7)

3～4　还原。

5～6　右转头。

7～8　还原。

4×8 拍反复。

图 2.2.7

【教学提示】

1. 低头向下时,尽量伸展下颚去贴近锁骨,但后背要挺直。

2. 抬头向上时,尽量伸展下颚向上,不塌腰,腆肚。

3. 转头向左时,左肩向前拧,右面动作要求一样。

4. 摆头至左肩时,感觉颈部向右旁伸展,右面动作要求一样。

5. 头部绕环时经过的每一个部位,应按照以上要求做。

（二）肩

肩关节是手臂动作的根,肩部的柔韧性、灵活性,同大臂的动作常常联系在一起,影响动作的舒展及幅度。

肩的动作有:提肩、压肩、裹肩、展肩、前后转肩。在练习肩的时候,手臂要放松,脖子不可参与动作,应在颈部保持伸长挺拔的状态下,完成肩的动作。

肩活动操（练习二）　2/4 拍

准备姿态:正位站立。准备拍四拍。

1～2　双提肩。

3～4　垂肩。

5～6　双提肩。

7～8　垂肩。

2×8 反复垂肩动作。

1～2　右单提肩。（见图 2.2.8）

3～4　垂肩。（见图 2.2.9）

5～6　左单提肩。

7～8　垂肩。

2×8 反复提肩动作。

1～2　裹肩。（见图 2.2.10）

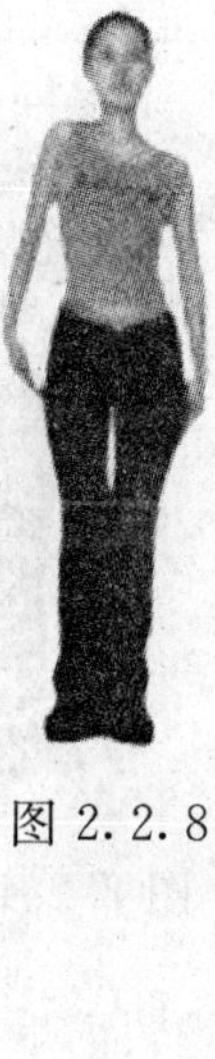

图 2.2.8

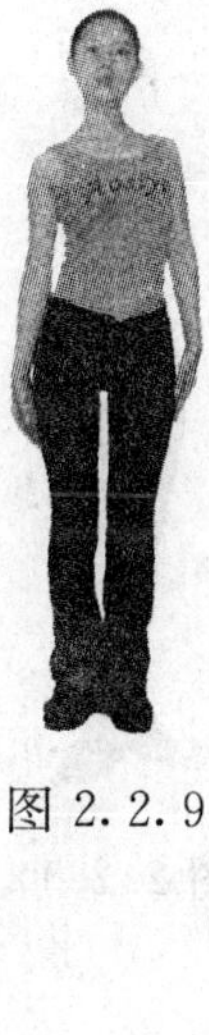

图 2.2.9

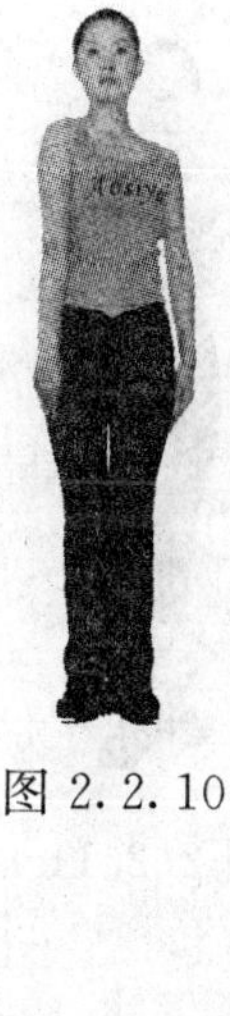

图 2.2.10

3～4　正位。
5～6　展肩。
7～8　正位。
2×8 拍反复裹肩动作。

划肩

1～2　裹肩。
3～4　提肩。
5～6　展肩。
7～8　垂肩。
1～2　展肩。
3～4　提肩。
5～6　裹肩。
7～8　垂肩。
4×8 反复动作。
1～2　手指交叉在胸前,手心向里。(见图 2.2.11)
3～4　前伸。(见图 2.2.12)
5～6　前曲身 90 度。
7～8　身体立直,手指交叉在胸前,手心向里。
1～4　上伸。
5～6　手臂后展。
7～8　起直身体,手指交叉在胸前,手心向里。
1～6　旁腰,伸臂。(见图 2.2.13)

图 2.2.11

图 2.2.12

图 2.2.13

7～　起直身体。

8～　手指交叉在胸前，手心向里。

1～8　做反面旁腰伸臂。

1～2　从上至下外分手。

3～4　胸前双合掌。

5～6　从下至旁分手提腕，撤右脚后踏步。

7～8　亮托掌山膀。

【教学提示】

1. 每一次肩部动作之后，要将肩部放松回到原位。

2. 向上抬肩时，尽量让肩贴近耳朵，但头不能主动倒向肩。

3. 向下压肩时，要感觉手指尖尽量贴近地面。

4. 肩划弧线时，要先抬肩再向前推，然后保持向前推的力量向下压，再按原线路回到原位。

5. 前后推肩，双肩要保持在一个水平线上。

三、胸、肋关节活动操

胸、肋活动操（练习三）

准备姿态：双臂两旁分开，侧平举，大八字步位。准备拍四拍。

1～　腆胸。

2～　还原。

3～　腆胸。

4～　还原。

5～　含胸。

6～　还原。

7～　含胸。

8～　还原。

1～　左移肋。

2～　还原。

3～　右移肋。

4～　还原。

5～　左移肋。

6～　还原。

7～　右移肋。

8～ 还原。

1～3 腆胸一次。

4～ 还原。

5～7 含胸一次。

8～ 还原。

1～ 右移肋

2～ 还原。

3～ 左移肋。

4～ 还原。

5～7 向左下旁腰。

8～ 还原。

1×8 拍做相反动作。

1～ 腆胸。

2～ 还原。

3～ 右旁移肋。

4～ 还原。

5～ 含胸。

6～ 还原。

7～ 左旁移肋。

8～ 还原。

1～4 向右胸肋转一圈。

5～8 向左胸肋转一圈。

【教学提示】在活动肋关节时，要固定髋关节以下的部位，只有做到这点，才能充分地前后左右伸展胸肋关节。

四、腰部关节训练

(一)训练目的

腰的训练是形体训练中非常重要的一环，它是人体动作时的核心部位，通过训练能初步加强脊椎和腰椎的柔韧度，增加灵活性，增强肌肉力量，突出人体的线条。

腰可分为胸腰、中腰、板腰三节，胸腰以颈椎、胸椎部位为主，中腰以腰椎为主，板腰以髋关节为主。

腰的训练方式一般分为前腰、旁腰、后腰、拧腰、涮腰。在训练时，通过向前、向后、向旁三个方向，逐渐达到复杂化，先从胸腰开始逐渐加大幅度。在训练的同时要注意颈部动作的正确配合，颈部要与腰的弯曲角度保持垂直，不可折脖子。

（二）胸腰部活动操

胸腰部活动操（练习四）　2/4 拍

准备姿态：叉腰位，大八字步，头正位。

准备：1×8 拍。

含胸

1～2　双臂成弧形，侧下方展开。

3～4　含胸，低头 45 度。

5～6　回到 1～2 动作。

7～8　还原动作。

2×8 拍重复动作。

腆胸

1～2　双臂成圆臂，侧下方展开。

3～4　腆胸，仰头，双臂后展。

5～6　回到 1～2 动作。

7～8　还原动作。

2×8 拍重复动作。

改变手臂姿势重复上面动作 4×8 拍。

前腰

1～2　双臂成圆臂，上举。

3～4　向前下胸腰。

5～6　回到 1～2 动作。

7～8　还原动作。

2×8 拍重复动作。

后腰

1～2　双臂成圆臂，上举。

3～4　向后下胸腰。

5～6　回到 1～2 动作。

7～8　还原动作。

2×8 拍重复动作。

摆腰

1～2　双臂成圆臂，上举。

3～4　向左下胸腰。

5～6　回到 1～2 动作。

7～8　还原动作。

2×8 拍重复动作。

1～2　双臂成圆臂，上举。

3～4　向右摆胸腰。

5～6　回到 1～2 动作。

7～8　还原动作。

2×8 拍重复动作。

1～2　双臂成圆臂，上举。

3～4　向前下胸腰。

5～6　回到 1～2 动作。

7～8　向后下胸腰。

2×8 拍重复动作。

1～2　双臂上举，挺胸，抬头。

3～4　向左下胸腰。

5～6　向右下胸腰。

7～8　还原动作。

2×8 拍重复动作。

涮腰

1～2　向前下胸腰。

3～4　向左侧转动胸腰。

5～6　继续向后转动。

7～8　向右转动胸腰。

1～2　向前下胸腰。

3～4　向右侧转动胸腰。

5～6　继续向后转动。

7～8　向左转动胸腰。

4×8 拍重复动作。

拧腰

1～2　双臂屈肘，上体以髋关节为轴，向左转动，还原。

3～4　再向左转动，还原。

5～6　向右转动，还原。

7～8　再向右转动，还原。

2×8 拍重复动作。

改变手臂姿态重复上面动作 4×8 拍。

【教学提示】在胸腰活动时，要固定髋关节以下的部位，只有做到这一点，才能充分地前后左右伸展胸腰、中腰、板腰关节。

五、腿部的训练

(一)训练目的

腿的动作有：吸腿、踢腿、(前踢腿、后踢腿、侧踢腿)压腿、(站立压腿、正压腿、侧压腿)屈膝等。

通过腿部练习，增加了腿的长度，增强了腿的灵活性，柔韧度、协调感及腿的力量。消耗掉腿部多余脂肪，使腿部肌肉拉长，线条优美、修长。

(二)腿部活动操

音乐 2/4 拍。

预备动作：

踏步：2×8 拍。

侧并步，双臂体前交叉、展开：2×8 拍。

向前、后走 4 步，脚尖点地：2×8 拍。

屈蹲、踢腿

1～　双手叉腰，双腿屈蹲。

2～　脚尖向前，侧踢左腿，双腿直立。(见图 2.2.14)

3～　双手叉腰，双腿屈蹲。

4～　脚尖向前，侧踢右腿，双腿直立。

5～8　重复做。

2×8 拍重复动作。

图 2.2.14

弓步拉伸

1～4　左弓步(侧或前弓步)，双手叉腰。

5～8　右臂向侧举至头上方，向左摆动 2 次。压右腿。随之还原。

1～4　右弓步(侧或前弓步)，双手叉腰，

5～8　左臂向侧举至头上方，向右摆动 2 次。压左腿。随之还原。

2×8 拍重复动作。

弓步压腿

1～4　左弓步(侧或前弓步)，左手扶在膝部，右手触地。

5～8　弹压右腿 2～4 次。随之还原。

1～4　右弓步(侧或前弓步)，右手扶在膝部，左手触地。

5～8　弹压左腿 2～4 次。随之还原。

2×8 拍重复动作。

肢体屈伸

1～2　大开步，随之身体转向左侧，同时屈腿，屈身，双臂屈于体侧。

3～4　右腿用力蹬地，随之左腿向后摆左腿，伸展肢体，双臂向上摆。(见图 2.2.15)

图 2.2.15

5～8　同 1～4 拍动作。还原。

第 2×8 拍做第 1×8 拍的反面动作。

4×8 拍重复。

站立，前屈压腿

1～2　双腿站立，调整呼吸。做好准备。

3～4　右腿支撑重心，吸左腿，双手握住左膝部。(见图 2.2.16)

5～8　在小腹前面依次前、后按压，拉伸左腿后侧，随之还原。

1～2　双腿站立，调整呼吸。做好准备。

3～4　左腿支撑重心，吸右腿，双手握住右膝部。

5～8　在小腹前面依次前、后按压，拉伸右腿后侧，随之还原。4×8 拍重复动作。

图 2.2.16

后屈压腿

1～2　双腿站立，调整呼吸。做好准备。

3～4　右腿支撑重心，左腿向后抬起，双手握住左脚或踝关节部位。

5～8　在臀部依次前、后按压，拉伸左腿前侧，随之还原。

1～2　双腿站立，调整呼吸。做好准备。

3～4　左腿支撑重心，右腿向后抬起，双手握住右脚或踝关节部位。（见图 2.2.17）

5～8　在臀部依次前、后按压，拉伸右腿前侧，随之还原。

4×8 拍重复动作。

1～4　右腿站立，左腿向后抬起，双手握住脚部，靠近臀部。停住。

图 2.2.17

5～8　换右手握住，左手打开，举起。

1～8　换左腿站立，做反面动作。

2×8 拍重复动作。

伸展胸肩：呼吸，放松，调整　1×8 拍

1～4　大八字位，双手扶膝，屈膝，腆胸下去。

5～8　含胸起来。划肩两次。

2×8 拍（展开双臂）重复上面动作。

六、拉伸操组合

拉伸操组合分为呼吸、拉伸、走动、跑跳、放松练习等五部分。动作简单易学，比较适合初学者特点。音乐节奏先慢后快。目的是通过组合训练，进一步规范头、肩、四肢动作，能准确地掌握要领，使形体具有协调美、肌肉灵活，而富有弹性的功能。同时，培养动作的韵律。

（一）音乐：中速，轻音乐

准备姿态：头看前方，双手自然下垂，大八字步。（每一个动作的预备动作，均是上节动作的结束动作。）

呼吸练习　2×8 拍

1～　吸气，慢慢抬头，双臂上举。

2～　双臂交叉，打开，同时左摆头。

3～　双臂侧平举，吸气，慢慢抬头还原，随之双臂上举。

4～　双臂交叉，打开，同时右摆头。

5～8　手臂翻腕方下，头部还原。

2×8 拍重复上面动作。

头部拉伸　2×8 拍

1～　左手臂向侧慢慢打开，按住头顶。
2～　向左侧拉伸(左摆头)，左手臂还原。
3～　右手臂向侧慢慢打开，按住头顶。
4～　向右侧拉伸(左摆头)，手臂还原。
5～　双臂上举至头部，手指交叉按住头部。
6～　向前压。
7～　双臂还原于体后手指交叉。
8～　仰头，压肩，腆胸。还原。
2×8 拍重复上面动作。

肩部伸拉　2×8 拍

1～　双臂侧平举。
2～　右手握住左肩部，向右侧伸拉，还原。
3～　双臂侧平举。
4～　左手握住右肩部，向左侧伸拉，还原。
5～8 拍:重复上面动作。
2×8 拍重复上面动作。

双臂伸拉　2×8 拍

1～4　双臂侧平举，含胸，低头，抱臂。
5～8　充分拉伸双臂，随之还原。
2×8 拍重复上面动作。

腰部拉伸　2×8 拍

1～2　右臂侧上举，右摆腰。随之左臂向侧打开，握住右手背。
3～4　向左拉伸右手臂，左摆腰。
5～6　向前伸展手臂和腰部。
7～8　还原。
1～2　左臂侧上举，左摆腰。随之右臂向侧打开，握住左手背。
3～4　向右拉伸左手臂，右摆腰。
5～6　向前伸展手臂和腰部。
7～8　还原。
4×8 拍重复上面动作。

拧腰　2×8 拍

1～2　双臂侧平举，抱臂左拧腰，右臂体前，左臂体后。
3～4　双臂侧平举，抱臂右拧腰，左臂体前，右臂体后。

2×8 拍重复动作。

摆腰　2×8 拍

1～2　左脚向侧迈一步，右手穿左手，打开，右手上举，左手下垂。

3～4　右脚靠在左脚旁，脚尖点地，屈腿，向左侧摆腰。

5～8　同 1～4 拍动作，但方向相反。

2×8 拍重复动作。

腿部伸展　2×8 拍

1～2　双臂张开，向抱。

3～4　屈蹲。

5～6　双手伏地，屈膝。

7～8　蹬地。还原。

（二）音乐 2/4 拍，节奏稍快

预备动作：踏步：双臂大幅度前后摆动，原地。

预备拍 2×8 拍。

向前、后走步，点地

1～4　左脚起向前走三步，右脚点地。

5～8　右脚起向后退三步，左脚点地。

2×8 拍重复动作。

叉腰侧并步（一步、二步）

1～2　左脚向左侧一步，右脚并步。

3～4　右脚向右侧一步，左脚并步。

5～8　动作同 1—4 拍。

2×8 拍重复动作。

脚跟，脚尖点地，摆手臂　2×8 拍

1～2　左脚脚跟前点地，随之还原；双小臂向胸部摆动，随之还原。

3～4　右脚做同样的动作；小臂动作相同。

5～6　左脚脚尖侧点地，随之还原；双臂向两侧摆动，随之交叉。

7～8　右脚做同样的动作；双臂动作相同。

2×8 拍重复动作。

迈步、吸腿　2×8 拍

1～4　左脚向左侧迈一步，双腿稍屈，随之右腿吸腿 2 次；双臂握拳向左前方摆动，随之还原各 2 次。

5～8　右脚做1～4拍的反面动作。

踏步摆臂　2×8拍

1～4　踏步，双臂体前交叉，打开，随之侧上举交叉。

5～8　踏步，双臂打开，还原。

1～4　左脚向侧一步，同时，双臂体前交叉随之打开，侧上举交叉。双脚跟随节奏踮地。

5～8　双臂打开，翻腕，还原。脚跟随节奏动作。

踏步、放松，动作2×8拍。

测试题

1. 头、肩、胸肋、腰及腿的基本动作有哪些？动作时应该注意规范哪些方面？

2. 反复练习，检查动作及其节奏是否准确。

3. 熟练掌握拉伸操每个动作及其要领，加大动作幅度，充分伸展全身各个部位的肌肉和关节。

第3节　基本素质训练

教学目标

1. 通过理论学习，使我们懂得科学健身方法。

2. 通过地面、站立等基本姿势训练，进一步伸拉颈部、肩部、胸部、腰部、髋部及腿部等关节、肌肉，增强肢体的协调、稳定、柔韧和灵活性能。

3. 指导学生掌握规范的练习方法，达到改善不良体态，改进身体的机能。

4. 通过动作与音乐的结合，培养节奏感以及动作的韵律美，陶冶情操。

一、训练目的、基本构成

（一）训练目的

基本素质训练主要是训练身体的协调平衡能力，是训练形体的一个重要环节，其目的是为了打开肩部和髋关节韧带，拉长腿部韧带，加强腰的柔韧性，增强腿部和后背肌群的弹性和力量。

训练时借助垫面，一般用于站姿，坐姿、躺姿、仰姿、俯姿和跪姿等运动。训练时要求重心比较低，接触地面部分比较大，便于掌握好，同时也减轻了支撑人体体重的负担，这样可以充分地拉长各部位的韧带，增强肌肉群的力量。能初步改善人体的松懈状态。

(二)基本构成

基本构成包括姿势、呼吸、放松。在练习一个姿势时有意识的呼吸有助于把不必要的紧张降低到最小限度，同时能够把练习者的注意力集中。有的姿势要求在身体放松和积极意识这两种状态之间能够找到平衡，这一点非常重要。

1. 姿势

所有运动都要从练习姿势开始，姿势就是身体在瞬间保持的方式。由于肌肉要支撑躯体会产生必要的紧张感，这时在放松与运动之间便会产生一种动态的平衡。一个正确的姿势有益于保持身体的平衡与稳定。

正确的姿势要求身体两侧是对称的，骨骼与肌肉之间的协调平衡也有助于形成正确的姿势，这包括腰部以上的部位向上伸展，上身和头部感到平衡轻松，同时两腿也有脚踏实地的感觉，身体重心稳定平衡，呼吸自然舒缓有规律。某种因生理缺陷造成的姿势不平衡，脊柱侧凸或两腿长度不一，练习时要尽量加强身体的平衡感和稳定感。

平衡姿势的好处很多，首先，可以强化身体机能，提高柔韧性，增加能量，使身体功能处于最佳状态，体内能量运行更加流畅自如，使人充满活力。放松呼吸法使姿势的练习更加轻松和顺畅。由于骨骼结构的稳定和协调，神经系统在这种稳定状态下也可以消除肌肉的过度紧张。

其次，可以提高平衡意识。练习不同的姿势可以舒展身体，增强身体的力量。一个自然健康的姿势有助于正确的练习，加速练习的进程，提高练习的效率，同时也可以让身体不易受到损伤。

接下来介绍基本的站姿与坐姿。这些姿势可以独立练习，并逐步形成日常时的正确姿势。练习时可以借助一面镜子，集体练习时，能及时给你反馈意见，知道身体哪些部位还需要协调和对称。

(1)基本站姿

双腿并拢站立，脚跟并拢，两脚大拇指靠拢，膝盖向上缩紧，两腿伸直。两腿靠紧形成有力的支架来支撑身体。伸直脊柱和后颈部，下颚与地面平

行。腹部特别是小腹部位向脊椎收缩，抬升横膈膜，加强对下背部和腰椎的伸展。(见图 2.3.1)

深吸气，扩张胸廓。呼气，腹部向脊椎收缩，两臂自然下垂，双手放在身体两侧。胸部和双肩舒展。感觉身体从脊柱中部向上拉伸，手臂和手指向下伸展。

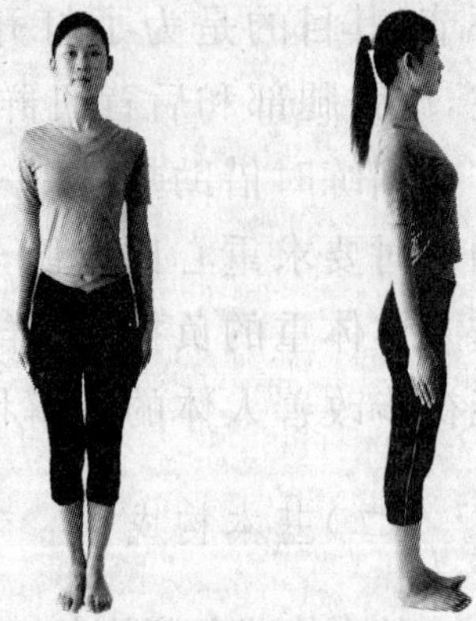

图 2.3.1

(2)基本坐姿

站姿练习涉及从头部到臀部的位置，练习坐姿也可以按照其要求。两个基本坐姿如下：①两臂自然垂放于两腿或两膝上。腿的位置取跪姿，坐在脚跟上或盘腿坐在垫子上，背部挺直，臀部略高于膝部。②这个坐姿可以作为前屈坐姿的起始姿势，也可以作为一种姿势来练习。坐立时要求两腿并拢，平直向前伸出，脚板立起，脚趾朝上，脚后跟向前伸直，加强双腿的拉伸感。膝盖向大腿内收缩。上身与双腿垂直，脊椎挺直。肚脐轻轻向脊椎收缩，呼吸在胸腔和上腹部进行。头颈与脊椎成直线，两眼平视。双肩放松，胸部舒展。手臂放在身体两侧，两手平放在地面上，手指向前与双腿平行。(见图 2.3.2)

图 2.3.2

2. 呼吸

(1)呼吸的作用和方式

生命离不开呼吸这一不断交替的运动，呼吸直接影响生命的活力。人的生命力来源于身体的能量，能量通过呼吸来吸收，渗透到人体的每个细胞，使细胞不断更新，恢复活力。

呼吸习惯和呼吸方式既可以增加也可以减少人体的能量储备。

呼吸方式与我们的感情和心态有着本质的联系。比如，呼吸平稳而有控制就不会觉得焦躁不安，反过来如果呼吸急促、快慢不均，心情则很难平静。有意识地控制呼吸可以抑制情绪的波动，与姿势练习结合起来有助于动作的流畅，并能集中注意力。有意识的呼吸也可以单独进行。其实，不管在什么情况下，都可以有意识地让自己的呼吸更均匀平稳和更深入一些。但是要记住，虽然呼吸深入能够有效增加体内能量，但并不是说呼吸得越深越好。

(2)呼吸练习基本要求

①除非有特殊情况，一般用鼻呼吸，嘴唇微闭。

②每次吸气和呼气都要舒缓深入并均匀。

③呼气时间比吸气时间稍长，这样有利于放松，呼吸练习中常常用到这一点。

④练习开始和结束时都要配合呼吸，动作之间的衔接也要配合呼吸。

⑤呼吸的次数可以用来计算做某一姿势的时间。

⑥练习时，若想加快练习速度，也要加快呼吸，但注意呼吸要配合动作之间的衔接。正确的姿势要求正确的呼吸，这样才能保证呼吸顺畅，使横膈膜尽量运动到最大限度。在一次完整的深呼吸过程中，横膈膜的上升和下降运动会刺激淋巴系统，起到去除体内毒素的作用，加强免疫系统的功能。

(3)呼吸练习

局部型呼吸：局部型呼吸有助于增加肺活量，同时使身体平静。局部型呼吸可以作为胸腹式呼吸的前导。有下列三种方式：吸气至肺下部，将手指平放在肚脐两侧，两手的肘关节落在地板上。呼吸三次，让手指感觉腹部的起伏(见图2.3.3)。吸气至肺上部，将手指平放在锁骨下方。吸气时，感到胸部上方轻轻升起。两肩放松，不要抬升或拉紧双肩。吸起至肺中部，将手指平放在胸腔两侧。呼吸三次，感觉吸气时胸腔向两旁扩张，呼气时放松。

图2.3.3

(4)胸腹式呼吸

手臂平放在身体两侧，掌心向上或向下。吸气一次，先将空气吸入下腹部，然后到胸腔，最后进入胸部上方。呼气放松。

3. 放松姿势

要解除身体的紧张感，保证动作的流畅和身体功能正常运转需要放松。把放松练习作为一个基本的组成部分，因为有目的的放松有助于培养日常生活中平静的心理状态。

在练习中，放松姿势让身体吸收动作中所释放的能量。保持某个姿势时，血液会集中流向某个特定的身体部位，因此要使血液重新循环至全身需要一段时间(见图2.3.4)。同时，这也让身体从每个动作中获得更多益处。放松练习可以在每次练习之前、当中或之后进行。

图2.3.4

(三)准备工作

1. 穿着舒适宽松或有弹性的运动衫，便于身体自由活动。不妨碍呼吸或影响血液循环。餐后1～2小时练习。练习前不要过多饮水。练习时要安静、谨慎，动作要舒展、轻柔。思想要轻松，过于紧张会降低练习的效果，甚至导致损伤。面带微笑，这样会有效地缓解面部紧张的状态，使全身松弛。从练习中找到乐趣也很关键，它反过来可以增加身体的灵活性，加强力量，增大运动幅度，增强运动效果。

2. 练习场所场地要清洁宽敞，练习站姿或和卧姿时能自由地伸展四肢。练习场所要尽量整洁安静，地面结实，平整适中。只有进行持之以恒的练习，才能获得最好的效果。因此，要制定一个固定的练习计划。早晨和晚上练习均可以放松肌肉，减轻压力，消除紧张感。一般来说，每次练习1～1.5小时是比较理想的练习时间。如果受到时间的限制，可以集中做一部分动作。在特制地毯或其他橡皮垫子，多层的毛毯或厚实的毛巾都是可以练习的。

3. 热身。练习时要先进行热身，这点非常重要。因为：(1)热身可以从思想上和身体上作好准备，在练习时感到更轻松，防止发生意外伤害。(2)热身可以改善血液循环，有利于全身的协调和舒展。(3)热身有助于把注意力集中到呼吸上，使呼吸完全均匀。这样可以增加氧气吸入量，提高能量水平，更好地集中注意力，不仅如此，练习所带来的肌肉绷紧也会因为事先热身而轻松减轻，热身使血液循环加快，肌肉的供养增多，加速了体内毒素和废物的排出。

二、基本姿势

因为初学者的灵活性、力量和注意力集中等情况还不能达到一定的姿势要求，所以这些简单的姿势便于初学者学习。这些姿势分为以下几个类型：坐姿(包括前屈、背屈和脊椎扭转)、站姿、平衡姿势和放松姿势。

(一)前屈姿势

前屈姿势可以提高身体的灵活性，使身体变得柔软，在身体放松中找到平衡，同时感觉身体舒展，充满活力。

1. 前屈姿势的作用

(1)伸展脊椎促进脊椎的健康，改进姿势。

(2)增强腿部韧带的柔韧性。

(3)刺激副交感神经，起到镇静作用。

(4)给腹部器官以轻度的挤压与按摩，有助于消化和排泄。

(5)有助于消化和排泄。

2. 基本动作

盘坐伸展

音乐4/4拍，舒缓，轻音乐。

准备姿态:两脚脚心相对盘坐。双手两旁打开。(见图 2.3.5)

准备拍 4 拍:双手从两旁抬至上方,抱住头后部,双肘向后展开。

1～2　双肘合拢,肘关节相碰。

3～4　双肘展开。(见图 2.3.6)

5～8　动作同 1～4 拍。

1～2　双肘合拢,含胸。(见图 2.3.7)

图 2.3.5

图 2.3.6

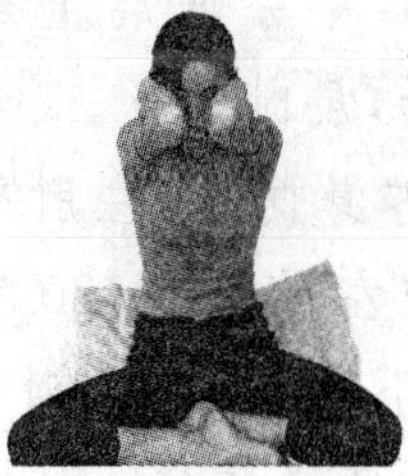

图 2.3.7

3～4　双肘展开,同时挺直后背。

5～8　动作同 1～4 拍。

1～4　上身转向 7 点。

5～8　还原。

1～4　上身转向 3 点。

5～8　还原。

1×8 拍,间奏。

1～　上身转向 7 点。

2～　上身转向 3 点。(见图 2.3.8)

3～4　还原。

1～4　向左下旁腰。

5～8　还原。

1～4　向右下旁腰。(见图 2.3.9)

图 2.3.8

图 2.3.9

5～8　还原。

1～2　双手向上打开。(见图 2.3.10)

3～4　向左下旁腰。(见图 2.3.11)

5～6　向右下旁腰。

7～8　还原。

图 2.3.10

图 2.3.11

【教学提示】

1. 要充分伸展上身,双肘合时要紧,展时要开。

2. 拧身向左,左肘带动,右肘尽量与左肘保持 180 度。

3. 下旁腰时同时提右旁腰。下右旁腰相反。

4. 腰向斜前时,上身要尽可能贴近大腿,后背向远伸展。

5. 整个组合呼吸要均匀,深呼吸时,四拍呼,四拍吸。

6. 整个组合作完,应感觉上身完全舒展开。

跪立前屈　4×8 拍

准备姿势:跪立:双膝并拢跪下,脚趾平伸于身后。身体坐在脚跟上,脊椎直立。双手放在两腿上,掌心朝下,两眼平视前方。

1～8　保持跪立姿势,3～6 次呼吸,为下一个姿势作准备。

1～8　吸气,上身挺直,两臂向上伸直。(见图 2.3.12)

1～8　呼气,上身向前弯曲,双臂贴近耳朵伸直着地。(见图 2.3.13)

1～8　吸气,反方向回复起始姿势,脊椎弯曲。(见图 2.3.14)

图 2.3.12

图 2.3.13

图 2.3.14

单抬腿　6×8 拍

准备姿势:仰卧,两腿伸直,勾脚。

1～8　抬起左脚,右手抓住右脚踝处。(见图 2.3.15)

1～8　保持姿势,做 3～6 次呼吸。

2×8 拍左腿重复一次。

2×8 拍　同时将两腿举起,两脚呈勾脚或绷脚,保持这个姿势时,手臂可以放在身体两侧或支撑双腿。(见图 2.3.16)

图 2.3.15

图 2.3.16

单腿伸展　6×8 拍

准备姿势:坐姿

1～8　屈左腿,左膝下压,同时右腿伸直。左脚跟尽量往腹股沟压紧。(见图 2.3.17)

1～8　吸气,双臂上举,伸直。呼气,上身向前屈。(见图 2.3.18)

1～8　呼气,手臂放下,置于身体两侧。

2×8 拍重复动作 3～6 次,然后保持静态姿势。

6×8 拍做反面动作。

图 2.3.17

图 2.3.18

【教学提示】

1. 使腿部充分伸展，强化腿部肌肉线条，消除大腿及腹部多余脂肪，改善腿形。

2. 身体前屈时，脊椎保持平直，两手握住右脚踝或右脚，头颈与脊椎尽量成直线，最后头贴近膝部。（见图 2.3.19）

3. 要做动态姿势，先吸气再反向回复起始姿势。

图 2.3.19

双腿伸展　3×8 拍

准备姿势：坐姿。

1～4　双臂上举。

5～8　上身前屈，头贴近膝部，双手握住脚踝或脚。（见图 2.3.20）

图 2.3.20

2×8 拍，保持姿势。反复动作 3 次。

【教学提示】

1. 向前压腿，两条腿始终绷直，收紧，不能放松，弯曲。

2. 上身要尽量向长向远往下压，不能驼背，往回缩。

3. 大腿肌肉分布匀称，增强体态平衡稳定，矫正不良姿势。

4. 修正腿形，强壮踝关节及其周围的韧带、肌肉等，有修长小腿的作用。

背屈滚动　4×8 拍

预备姿势：仰卧，两腿稍屈，并拢。

1～8　吸气，双腿与双臂伸展，贴到地面。

1～8　呼气，将身体成球形。膝部与前额相贴。两臂抱紧。（见图 2.3.21）

图 2.3.21

2×8 拍重复 2～3 次。

【教学提示】这个动作起到给脊椎热身的作用，这样可以增强腹部肌肉的力量。

背屈翘首

预备姿势：坐立，双膝弯曲，两脚着地。

2×8 拍　吸气，两臂平伸，手指朝前，抬起小腿与地面平行，脚面绷直。（见图 2.3.22）

4×8 拍反复动作。

图 2.3.22

【教学提示】

1. 上身向后倾斜，脊椎保持平直并与头、颈保持一条直线。

2. 身体重量均匀落在臀部两侧。持续时间保持 3～6 次呼吸。

3. 经常练习这个动作，可以有效地消耗身体热量，收缩腹部肌肉，减掉多余的脂肪。

(二)背屈姿势

1. 背屈姿势的作用和注意事项

背屈姿势可以锻炼背部肌肉，增强脊椎的灵活性，使之富于弹性，有助于完成各种姿势。

在运动过程中，腹部肌肉得到舒展和加强，这有助于消化，平衡肾脏和肾上腺的功能。练习背屈姿势可以扩展胸部，提高肩部的灵活度，避免驼背和耸肩，还能加深呼吸。

从心理上讲，练习背屈姿势有助于舒展和拉伸腹腔神经丛部位的紧张感。

(1)练习背屈姿势前后，要马上以前屈姿势为反姿势进行放松。

(2)练习背屈姿势之前和之后，不要马上做扭转脊椎运动及侧屈动作。

(3)练习背屈姿势之前，要先热身，以免拉伤背部和肩部肌肉。

2. 预备练习

(1)头部放松动作：低头、仰头、转头、摆头、涮头做4×8拍。头部动作要配合呼吸的节奏。

(2)肩部放松动作：提肩、压肩、裹肩、展肩、肩部绕环做4×8拍。

3. 基本动作

胸、背伸展

预备姿势：跪姿，双手撑地，双膝稍分开，手臂垂直于肩膀下。背部平直，头与颈部伸直，与脊椎成一直线，双眼俯视地面。

1～8　吸气，背部下凹，肚脐部位向下沉，扩张胸部，肩胛骨向背部挤压。(见图2.3.23)

1～8　呼气，脊椎向上拱起，收缩肚脐部位。(见图2.3.24)

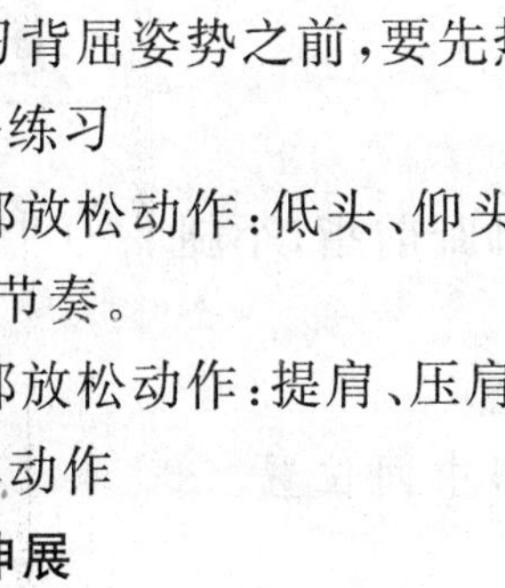

图2.3.23

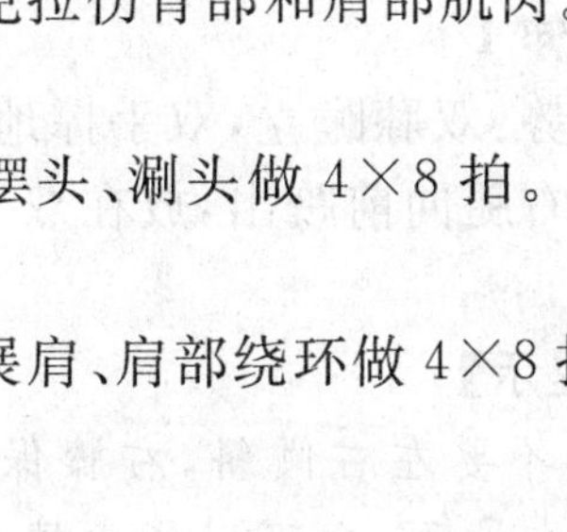

图2.3.24

4×8拍重复练习，脊椎交替下凹和拱起4～8次。

【教学提示】练习上述姿势时可以添加腿部动作,吸气,将右腿向后伸直或向上抬起,脚趾伸直(见图2.3.25)。呼气,收回右腿,右膝靠近前额。右腿运动2～3次。左腿重复这一动作。

图 2.3.25

撑地伏面

预备姿势:撑地,开始时如胸、背伸展。

1～8　脚趾撑地,手指朝前。呼气,双手用力撑地,向上抬起臀部,双膝微屈。将身体重量均匀落在四肢上。(见图2.3.26)

【教学提示】

1. 保持姿势,双腿伸直,脚跟不要离地,体会臀部向上抬起,四肢支撑身体的稳定感。

2. 反向运动回复起始姿势,保持姿势,3×8拍进行4～12次呼吸。

图 2.3.26

脊椎拉伸1

预备姿势:双膝跪立,双手撑地。

1～8　右腿向前跨出,放在双手之间,脚趾前指,小腿垂直地面。

【教学提示】

1. 膝部不要左右倾斜,右膝保持在胸部中间位置。手掌可以放在地面,也可以指尖撑地。

2. 右腿成弓步向前,拉伸左臀部。头部向前运动,脊椎拉伸,两肩胛骨下沉。保持这一姿势。

3. 如果觉得平衡得比较稳定,伸直脊椎,挺直上身。双手可放在右腿上,也可合掌于胸前。保持这个姿势4×8拍,3～8次呼吸。反向运动回复起始姿势。(见图2.3.27)

图 2.3.27

脊椎拉伸2

预备姿势:面朝下伏卧于地面上,前额贴地,双腿和脚跟并拢。两手平放在双肩下或贴近脸部的地面上。

1～8　吸气,收紧臀部的肌肉(如能绷紧骨盆肌肉更好)以支持下背部。

1～8　调整呼吸。挺胸抬头,利用背部和双手撑地的力量带动身体向上运动。肘部要贴地。(见图2.3.28)

图 2.3.28

4×8拍反复动作。

【教学提示】

1. 如果脊椎较灵活就可以只借助背部力量而不借助手臂的力量抬起上身。

2. 以同样的时间练习替换动作，如单腿弓式。(见图2.3.29)

图2.3.29

脊椎拉伸3

预备姿势：仰卧，两腿平行伸直，手臂与手掌平放于身体两侧，掌心贴地。

1～8　吸气，胸部向上拱起，上身抬离地面。双肘紧贴身体两侧并往下压。头和颈部和贴地面。保持这个姿势，呼吸1～2次。

1～8　吸气，进一步向上抬起胸部，双肘下压，进一步抬起上身。头抬离地面，颈向后弯曲，下颚向后抬起，保持这个姿势2～8次。然后回复起始姿势。(见图2.3.30)

图2.3.30

脊椎扭转

预备姿势：坐姿

1～8　左腿伸直，右腿弯曲。左手臂伸直放于左腿内侧。小腿靠紧左腿或左膝，尽可能将右脚根靠近左臀部。(见图2.3.31)

1～8　反面动作。

【教学提示】保持姿势，做3～8次呼吸。脊椎保持直立，加深胸呼吸。

图2.3.31

三、站立与平衡素质训练

(一)站立姿势训练

1. 站立训练的作用

站姿练习能增强身体的稳定感，并且使脊椎和头部产生向上延伸的感觉。这种站立的稳定感有助于身体的平衡和协调，同时让身体的重量均匀落于身体两侧。平衡姿势有助于在运动中保持顺畅自然的呼吸。从心理上来说，站姿可以反映你的生活方式。也许你站立时很稳定，只有小幅度的摆动，可是这样却会限制你的适应能力。你站立时也许萎靡不振，松散无力，缺乏稳定性,这反映出你缺乏方向感,注意力不集中。

站姿练习可以在增加身体灵活性的同时培养平衡、高雅的气质,使身体挺拔、稳健。

具体说,站姿练习的作用表现在:

(1)加强腿部、臀部、腹部、背部和颈部肌肉的锻炼。

(2)增加腿部的柔韧性。

(3)增强踝、膝、髋关节的灵活性。

(4)增强双肩的灵活性。

(5)在站立中培养稳定舒适感和平衡感。

(6)提高身体的协调性,使身体两侧的肌肉均衡发展,加强平衡。

2. 基本动作

音乐 4/4 拍。

预备练习:

手摆动　如步行时一样,左右手臂前后摆动。摆动时,两臂前后要摆的一样高,摆臂要与呼吸协调。

另一种方式,两手并拢向前举,与肩同高,然后手臂向两侧打开,再并拢。吸气时,打开双臂,呼气时并拢。再一种方式,合掌,随节奏在身体两侧左右摆动,依次上升到头部,然后返回。同时左右顶髋动作。

腿摆动　双手放于髋部两侧,身体重心交替放于两脚上,重复数次。然后身体重量落于左腿上,右腿轻轻地前后摆动,摆动时腿要伸直,左腿支撑身体。然后右腿支撑身体,左腿前后摆动。

屈蹲　双手伸直放于髋部两侧,依次做屈膝随之伸展动作。

站立前驱

预备姿势:站立(两脚并拢或分开与臀部同宽)。如果脊椎与肌肉较紧张,可以双膝稍屈。

1～8　吸气,两臂平行上举,手指朝上,掌心相对。

1～8　呼气,上身前驱。(见图 2.3.32)

1～8　保持这个姿势,呼吸 2～3 次。

1～8　呼气,身体继续向下伸展。(见图 2.3.33)

图 2.3.32

图 2.3.33

【教学提示】

1. 上身前驱时，手臂和躯干向前舒展成水平状，双臂贴。保持这个姿势，呼吸 2～3 次。

2. 脊椎尽量拉伸。双手靠拢双腿。

3. 双臂帮助头部向腿部靠拢（见图 2.3.33），双肘向两侧展开，脊椎向腿部弯曲。如可以的话，双手握住脚踝或者贴到地面。保持这个姿势，然后回复到起始姿势。

侧前驱

预备姿势：站姿

1～8　两腿分开，左脚向外侧转动 90 度，右脚转动 45 度，身体向左转，面朝一侧。

1～8　吸气，双臂从耳旁向上举，保持这个姿势，呼吸 2～4 次。（见图 2.3.34）

1～8　呼气，上身向左侧摆，然后保持水平，保持这个姿势呼吸 2～3 次。（见图 2.3.35）

1～8　身体再向下弯曲，双手放于左腿上或左腿两侧，保持姿势，呼吸 2～4 次。（见图 2.3.36）

图 2.3.34

图 2.3.35

图 2.3.36

1～8　吸气，反向回复起始姿势。

5×8 拍，做反面动作。

【教学提示】

1. 身体重量均衡地落在双脚上，双膝收紧，保持稳定。

2. 回复过程中，每做一个动作，停留片刻，呼吸一次。

侧屈

预备姿势：站姿

1～8　两腿宽阔地分开，右脚向外转动 90 度，左脚转动 45 度。

1～4　吸气，两臂向两侧平举，与肩平齐，掌心向前，双肩下压。

5～8　呼气，上身水平向右伸展，两臂与地面平行，然后身体从髋关节处向下倾斜，右手向下伸展放在右腿前，左臂垂直向上。眼睛看左手。（见图 2.3.37）

3×8 拍，保持这个姿势，呼吸数次。

4×8 拍，换另一侧重复动作。

图 2.3.37

【教学提示】

1. 脚跟用力着地以站稳身体，两腿始终伸直，身体面向正前方，身体的重量均衡落在两腿上。

2. 做侧屈动作时，感觉肋腹部肌肉一边在伸展，一边在收缩。

全伸展

预备姿势：站姿，两腿宽阔地分开。

1～8　两臂侧平举，保持身体稳定。吸气，两臂上举，肩部下压，阔胸。自然地呼吸，左脚向左转动 90 度，右脚相应转动 45 度，两腿伸直。

1～8　相左转动身体，双脚不动，保持这个姿势，呼吸 2～3次。

1～8　呼气，屈左膝成弓步，左大腿与地面平行，眼朝上看，拉伸颈部。（见图 2.3.38）

2×8 拍，保持这个姿势呼吸 3～8 次。返回原位。

5×8 拍，换另一侧重复动作。

图 2.3.38

【教学提示】

1. 做侧前屈动作时，感觉肩、胸、腰部肌肉在伸展。左右两边各做四次。

2. 做动作时,感觉胸、肋、腹部肌肉在伸展,每一步动作要尽量去做。

3. 做阔胸动作时,要尽量扩胸,使相关肌肉有酸痛感,并保持一定时间。每天要坚持做。

4. 经常练习,消除腰部脂肪,提高腰部与髋部的柔韧度。

(二)平衡姿势训练

1. 平衡姿势的作用和基本要求

平衡,在这里指练习过程中取得并保持姿势的稳定。通过身体各部位协调的运动,如平衡身体两侧或平衡身体的上下两部分,达到平衡和谐的状态。双腿站立或单腿站立时,通过找到身体的中轴线来保持平衡。平衡姿势的练习培养和增强了身体自然保持平衡的信心,同时增强了身体的力量。

练习平衡姿势还能加强意志力,集中精神,提高身体内部平衡所要求的自制力的控制极限。这些极限包括生理、精神和情感方面的因素,会对平衡能力造成影响。快达到身体内部的极限时,动作要轻柔。平衡姿势也让你了解心情会如何分散注意力,是检查注意力是否集中的标准。平衡在使内心平静稳定的同时也训练心理的承受能力。

平衡提示:

(1)尽量减轻紧张感,身体保持平衡,呼吸自然顺畅。

(2)找到平衡姿势中反向(即双向)拉伸的感觉。

(3)直立时,拉伸的感觉包括从髋部、腿部和脚部向下稳定于地面的感觉,通过腰部以上脊椎和头部的向上伸展,来达到整个身体的平衡。

(4)在单腿平衡的姿势中也有双向拉伸,如手臂和腿反向运动形成平衡。找出反向拉伸的部位有助于取得并保持平衡。

(5)练习中要保持正常的呼吸,这样有助于消除紧张感。

(6)练习时,找一个视线的焦点,平衡时视线凝视在这一点上。

(7)注意支撑力量的腿和抬起的腿,感觉腰部好像从髋部抬离开,身体感觉更轻盈。

(8)如果还需增强平衡的信心,练习时可以靠墙以支撑身体。

2. 基本动作

预备练习:

各种站立姿势都可以用腿和手臂的摆动来培养单腿站立的平衡感。注意:平衡动作不要做得过久,以免引起肌肉紧张。刚开始保持的时间稍短些,还可以回复站立姿势,呼吸几次放松后再重复练习。

抬腿平衡

预备姿势:站姿

1～8　呼气,右腿向正前方伸出,两髋保持水平。保持这个姿势的平衡。

1～8　然后弯曲右腿,右手握住右脚拇指或脚背。再将右腿向正前方伸出,左腿站立。(见图 2.3.39)

2×8 拍,换左腿重复动作,左右腿平衡的时间相同。

图 2.3.39

舞蹈平行

预备姿势:站姿

1～8　右腿向后弯曲,右手握住右脚或脚踝,双膝靠拢。左手向前平伸,与肩平齐。双肩保持水平,保持姿势平衡。

1～8　右腿尽量向后抬高,右手伸直,保持姿势呼吸 3～8 次。(见图 2.3.40)

2×8 拍,换身体另一侧重复练习。

【教学提示】体会左手臂向前伸展与左手臂和右腿向后伸展这种反向拉伸的感觉。

图 2.3.40

伸展平行

预备姿势:站姿

1～8　屈右膝,将右脚跟尽量收到左腿内侧腹股沟处。右膝指向外侧,髋部朝前。双手合掌于胸前。

1～8　双手举过头顶,这样有助于做头顶合十的动作。(见图 2.3.41)

【教学提示】

1. 平衡身体,体会头部向上,左脚支撑地面,这种双向拉伸的感觉。

2. 一只脚用力压紧另一大腿有助于平衡。

图 2.3.41

四、美姿操

(一)让体态挺拔

音乐 4/4 拍。

1. 准备姿态:站立,双手叉腰。

准备拍 4 拍。

1～2　吸气,挺胸抬头,脸朝上。

3～4　呼气,含胸,屈背,还原。

5～6　右腿向前一步,脚尖点地,同时,十指交叉握于体后。

7～8　呼气,双臂向前展开,交叉于体前,重心前移,低头,含胸,屈背。

2×10 拍,重复上面动作。

2. 准备姿态:正位站立,双手下垂。

准备拍 4 拍。

1～2　两臂体侧展开,左脚尖点地。

3～4　双手于胸前合掌上举,同时左腿吸腿。

5～6　眼睛平视前方,左腿 90 度展开髋部。

7～8　保持 5～6 拍动作 10 秒钟。还原,调整呼吸。

1×8 拍做反面动作。

【教学提示】

1. 这种锻炼,可使全身肌肉柔软有弹性,滋养内脏器官,气质典雅高贵。

2. 矫正脊椎不正,拉伸腰部两侧,舒张和延伸手臂、两腿的线条,拥有端庄的仪态,抑制消沉,增强自信。

(二)高贵气质

音乐 4/4 拍。

1. 准备姿态:站立,双手下垂。

准备拍 4 拍。

1～2　右脚向右侧迈一步,两臂平伸。让身体平衡。

3～4　上身稍向右转,同时右手臂带动上身上举,向后伸展胸腰,挤压背部;左臂斜下方。(见图 2.3.42)

5～8　换另一只脚,动作同 1～4 拍。

2×8 拍,重复上面动作。

2. 准备姿态:站立,腰背挺拔,双手下垂。

准备拍 4 拍。

1～4　吸气,左脚向左侧迈一大步,重心在两脚上;同时,双臂侧平举。

图 2.3.42

5～8　呼气,双手相握,向前下腰。

1～8　还原，调整呼吸。

1～8　重复动作。

1～4　吸气，左脚向左侧迈一大步，重心在两脚上；同时，双臂侧平举。

5～6　左摆腰；双臂平行，左右伸展、左臂在腹前，右臂在头上方。（见图 2.3.43）

7～8　重复 5～6 拍动作。还原，深呼吸。

1×8 拍，换另一侧动作。

图 2.3.43

【教学提示】

1. 经常练习第一种姿态，可使体态轻盈，消除背部、腰部和髋部的多余脂肪。

2. 练习第二种姿态，使体形富有弹性，调节自律神经，改善体态歪斜的毛病，紧实双腿，预防臀部下垂。

3. 练习第三种姿态，可消除髋部和腿部囤积的脂肪，增加腿部肌肉和韧带弹性，消除髋关节僵直，提高气质。

（三）增强身体柔韧性

音乐 4/4 拍。

准备姿态：站立，腰背挺直，双手下垂。

准备拍 4 拍。

1～4　吸气，左脚向左侧迈一大步，重心在两脚上；同时，双臂侧平举。

5～8　身体转向左侧，左脚尖指向左方，同时双手交叉相握。呼吸调整。

1～8　左前方下胸腰，双手扶在左脚指旁。保持动作，调整呼吸。随之还原。（见图 2.3.44）

图 2.3.44

2×8 拍，换另一侧重复动作。

1～2　右脚交叉放在左脚外侧，左手上举，右手贴于体侧。

3～4　上身向右摆腰两下。还原。

5～6　右手握住左手手腕，髋关节向左放松，上身向右摆腰两下。

7～8　还原。

1～8　换另一侧做，动作同上面。

2×8 拍，重复上面动作。

【教学提示】

1. 消除腰部脂肪，增加体型的曲线。提高灵活性，使体态优雅。
2. 柔软背部，使脊椎富有弹性，消除背部紧张和僵硬。
3. 消除蛇背不良状态，使脊柱富有弹性，扩展胸部，消除腹部多余脂肪。
4. 健美胸部，矫正驼背，收缩背部肌肉。

测试题

1. 熟练掌握运动过程中科学的呼吸方法。
2. 认真完成前驱姿势、背屈姿势、站立姿势、平衡姿势的每一个动作。

【本章小结】本章首先学习热身体操，要求学生基本掌握，达到热身目的。这一章我们主要从两个方面训练形体。首先，从人体的头、颈、肩、胸、腰、髋、腿部的基本动作开始训练，使肌肉、骨骼、关节得到锻炼，加强了柔韧度，增加了灵活性，增强了肌肉的力量，对人体的基本形态及对姿态的完整性有重要的影响，这是形体训练中非常重要的环节，要求重点掌握。第二，协调与平衡训练，主要通过一系列动作姿态，运用科学有效的呼吸方法，加强人体的柔韧度、协调性、稳定性、灵活性进行进一步规范训练。重点学习掌握基本动作以及科学的呼吸方法，坚持持之以恒学习态度。

第3章

健美操

第1节 有氧运动健美操

教学目标

1. 通过学习健美操基本理论知识以及基本动作，掌握健美操的本质特征和学习健美操的作用。

2. 学习两套不同风格的健美操，达到增进健康美，塑造形体美和陶冶心灵美的目的。

一、健美操概述

健美操是以有氧运动为基础，达到增进健康、塑造形体和娱乐目的的活动。有氧运动健美操，锻炼时间比较长，强度适中，是锻炼效果比较好的一种运动方式，适合年轻人运动。通过有氧锻炼，可以使肌肉和关节功能增强，使身体具有灵活性、弹性，使动作协调、优美，具有节奏感、韵律感，能达到良好的减肥功能，保持良好的形体姿态。学习时，要保持良好的精神状态，仔细观察动作的分解，认真领会动作要领，掌握秘诀，注意保持动作的连贯性，这样，就能让锻炼效果大幅度提升，同时要注意锻炼时穿运动鞋，宽松、吸水的衣服，保护身体不受损伤。

(一)健美操的本质特征

健美操除了具有体操常见的内容丰富、形式多样、易于普及，能全面地、有重点地锻炼身体，有一定的艺术性和不断创新等一般特点外，还有下面四个本质特征。

1. 健身、健美和健心的一体性特征

健美操高度的艺术性，具有"健、力、美"的特征。各种成套健美操，一般都由准备动作，头颈、四肢和躯干动作，跳跃动作和放松动作组成。它包括发展肌肉的力量、速度和弹性；发展关节、韧带的柔韧性；发展心血管系统和呼吸系统的机能等练习。许多髋部动作，不但加强了髋关节的灵活性，而且也大大加强了腹腔运动，使吸收和排泄功能得以改善，并且能有效地减少臀部和腹部的脂肪堆积，提高动作的协调性和灵活性。

健美操动作讲究造型美，动作美观大方，朝气蓬勃；完成动作要有力度，准确到位等。健美操的每一个动作，可有效地训练身体各有关部位的准确姿态，使人体匀称和谐，轮廓线条清晰优美，有利于培养健美的体态、气质和风度，塑造健美的体形。

练习健美操时，音乐的节奏和旋律，不但给健美操带来了生气，也有利于提高动作的节奏性和协调性，使动作富有美的色彩，进而使人们在欢乐的环境中进行自我陶冶，在自娱中陶冶美的情操，培养准确的审美观念及良好的性格和品德。

因此，健美操是以健身为基础，融健美、健心为一体的具有整体效应的锻炼手段。它既注重外在美的锻炼，又强调内在美的培养，较为明显地反映了健身、健美和健心为一体的特点。

2. 动作的多变和协调性特征

健美操吸收了舞蹈、武术中许多动作，经过加工提炼使之成为健美操的特有动作，使健美操增添了新的活力，丰富了健美操的单个动作。由于健美操的单个动作多，瞬间造型多，动作的节奏变化多，使成套动作丰富而多变。

健美操成套动作的多变性，首先表现在每节操很少是单关节的局部活动，大多为多关节的同步活动。如在完成大幅度的上肢动作时，多伴有腰、髋、膝、踝关节和头部等动作，不仅使身体各关节的活动次数成倍增长，而且可以变换组合形式，形成多种动作，有利于改善和提高身体的协调性。其次表现在动作的节奏和力度上。如用最快的速度完成两臂侧举并使其急速制动于平肩部位，这一动作可以在多种节奏变化中完成。再次是在成套健美操中，不仅有对称动作，而且还有许多非对称的和依次完成的动作。这些动作可有效地提高身体的协调性。这种多变性和协调性特征，不仅使它更富于美感，而且更突出了它的健美价值。

3. 动负荷大，有针对性和广泛的适应性特征

任何身体训练都要承受一定的运动负荷，只有适宜的运动负荷，才能达到健身、健美、健心的目的。如在全国推广的《大众健美操锻炼标准》，每一级操中上肢各关节、脊柱、腹部、髋部、腿部、踝关节等各主要关节的活动次数1562次，运动中的最高心率平均可达156次/分。健美操不仅练习密度大，而且还要求在练习的一定阶段里保持较大强度的锻炼，以达到锻炼效果，反映健美操对身体各关节、韧带、主要肌群、心血管系统和呼吸系统等都能施加较大的运动负荷。

健美操的运动负荷，对全身或某些关节、韧带、肌群等进行卓有成效的健美锻炼，根据练习者的年龄、性别和健美程度等有所区别。区别表现在必须根据健美操创编的目的任务和做操者的特点安排全套操的负荷量及其变化。其次，练习者可根据自己的年龄和身体，学习和生活等情况进行自我调节负荷量等，从而保证了它的针对性和广泛的适应性特点。

4. 鲜明的节奏感和韵律性特征

实践证明，在运动中有节奏的活动能使人的身体达到最适宜的协调。节奏是客观现象的延续性、顺序性和规律性的反映。健美操的节奏一般表现为动作力度的增强和减弱，速度加快或减慢等节奏性的变化，就可以出现丰富的内容。如同一个动作可以两拍完成，也可以一拍两动，这是速度的变化。在完成动作时由于肌肉用力的大小、强弱、快慢、刚柔等，就使动作表现了刚柔、绵、脆、韧等多种运动形态，形成不同风格的健美操动作。

健美操不同的动作和风格，配上适宜的音乐，就更能体现出健美操的节奏感，韵律性和风格特征。音乐中音的高低、长短、强弱、快慢等有节奏性的变化，使健美操更富有韵律和动感。旋律清晰，活泼轻快、情绪激奋的音乐，能够振奋练习者的精神，使人产生跃跃欲试的动感。只有按照音乐的节奏做有节律和美观大方的动作，才能表现音乐的优美欢快和激奋的情绪，也才能使练习者得到健美操的节奏感和韵律性的体验，从而得到美的享受。因此健美操的音乐，不仅能使练习者在完成单个或成套动作时准确地把握每一个节拍，更重要的是能激发练习者的情绪，培养做健美操的节奏感和韵律性，陶冶美的情操，提高练习效果。

（二）健美操的作用

健美操主要有增进健康美、塑造形体美和陶冶心灵美三个作用。

1. 增进健康美

健美操主要是指在健体的基础上，所表现出来的良好的精神状态、气质和风度，它比一般理解的身体健康有了更高的目标和追求。在发展身体、增进健康的同时，健美操更强调肌体能力的提高和体质的增强，强调健美外形与身体机能和心理品质的协调统一。

健康是人体美最基础、最本质的表现。美来自身体的健康与强壮，美蕴藏着充沛的精力、焕发着勃勃生机。因此健康就是美。

健美操是通过它特有的练习内容和方法来实现健康美这一目标的。健康操的练习内容不仅能使身体各部位的关节、韧带、肌肉得到发展，提高肌肉的弹性和关节的灵活性，而且对于形成正确的姿势，纠正不良姿态，培养良好风度有重要作用。健美操还能有效地提高人体的有氧代谢功能，增强各器官、系统的机能，增强身体素质，使人表现出精神饱满愉快，动作协调优美，学习工作效率提高。

在健美操的锻炼中，既注意发达肌肉，又重视提高心血管系统和整个内脏器官的功能，它能使增强体质和塑造健美形体紧密结合起来，使内外统一。正如我国《养生论》中所述“形须神以立，神须形以存”，使人的外形美与内在美融为一体，表现出一个人的勃勃生机和良好的气质与风度。

2. 塑造形体美

形体美主要是指人体外形的匀称、和谐、健美。因此，身体的整体的指数和比例要适度。形体美基本上是由身高、体重和人体各部的长度、围度的比例所决定的，并受肤色、姿态、动作、风度及着装化妆等因素影响。人如果过分肥胖或过分细瘦，不仅形象不雅，而且容易引来疾病的侵袭。

目前，常用身高指数、体重指数、胸围指数、肩宽指数和腿长指数来评定形体的发展状况。

(1)身高指数，由身高(cm)减去体重(kg)而获得。我国青年中男子为109，女子为104。

(2)体重指数，由体重(g)被身高(cm)除而获得。通常情况是，我国男子应为348g/cm，女子应为335g/cm。若男子超过450g/cm，女子超过420g/cm则表示有些肥胖；低于300g/cm则表示有些瘦弱。

(3)胸围指数，由胸围(cm)减去身高的1/2(cm)而获得。男女均为1，大于这个标准，说明胸廓和胸部肌肉发育良好；反之，则说明胸廓和胸部肌肉发育差。

(4)肩宽指数，应相当于身高的1/4。

(5)腿长指数,应相当于身高的1/2。

人们对形体美各有自己的欣赏与追求,但使身体匀称、和谐健美地发展,使自己有一个丰满的胸部,灵活的脖子,宽厚的肩部,强健的躯干,结实的胳膊和矫健的腿部是共同的愿望。男子希望要身体魁伟,四肢发达,身体呈倒三角形。把健、力、美和谐地统一于身体,生气勃勃,威武雄壮。女子希望既要使身体各部位肌肉匀称和谐地发展,又要保持女性曲线美的自然魅力。长期坚持健美操锻炼就可达到上述目的。

健美操可使儿童少年形成准确的身体姿势;使青年人动作优美体态矫健;使中年人骨骼结实,肌肉富有弹性,维持良好体形;使老年人延缓身体衰退,保持良好体态;使畸形不良体形得以纠正。

总之,健美操锻炼,可以使人们的身体匀称、和谐、健美地发展,使人动作优美,从而塑造健美的形体,将理想形体的追求转化为现实。

3. 陶冶心灵美

心灵美是指一个人对人体美的认识理解、动机目的、鉴赏标准及锻炼方法的选择等。歌德说:"外貌美只能取悦一时,内在美方能经久不衰。"对任何一个人来说,一切活动都离不开思想意识和心理活动。健美操锻炼虽然突出外在的形体美,但决不忽视内在的心灵美。内外的统一才是社会的需要,人类的愿望。

不同的社会、不同的人群,有着不同的审美观,但随着人类文明的发展,人们对美的认识和要求有了很大的提高,所以更喜欢丰满,矫健的躯体,端庄大方的容貌,庄重潇洒的风度。人的一举一动处处体现着青春健美和活力,体现着内在的教养和美德。

健美操有助于人人实现心灵美的追求,健美操锻炼要在音乐伴奏下进行,使人们在欢快的乐曲中进行自娱,可使人们忘掉苦闷和忧伤,恢复已经丧失的心理平衡,调剂人们的思想情感。集体环境进行锻炼,有利于相互交流感情,相互鼓舞,增强集体观念,培养意志品质。

由于健美操是在人体生物学、体育美学和人体造型学等科学理论指导进行的锻炼,它的单个动作和成套动作,在创编时都有明确的目的性,针对性和科学性,对养成动作美、姿态美、形体美和培养正确的审美观念,提高对美的鉴赏能力和陶冶美的情操都有重要作用。

另外,加强健美操运动还有医疗保健功能,能控制好运动范围和运动量,可以帮助恢复健康。

二、健美操基本动作简介

(一)健美操术语

健美操术语是指描述健美操动作的专用语。

1. 动作方法术语：立、蹲、弓步、点地、踢腿、吸腿、平衡、举、屈、伸、摆动、绕环。

2. 关系术语：同侧、异侧、双侧、单侧、移动、向前、向后、向侧、原地、转体等。

3. 基本动作术语：基本步伐名称术语有踏步、走步、一字步、V字步、并步、交叉步、点地、吸腿、摆腿、踢腿、跑、双脚跳、开合跳、单脚跳、弹踢腿、半蹲、弓步等。上肢动作术语有常用的手、掌型包括平掌、立掌、花掌、兰花掌等。常用的上肢动作有屈臂、伸臂、侧举、前举、上举、低摆、冲拳、绕、摆动、交叉等。

4. 动作名称的构成：方向和移动术语＋基本步伐术语＋关系术语＋肢体动作术语(上肢动作＋下肢动作)。例如：向前点地同时两臂上举。

5. 常用健美操动作名称：

向前/后走3步点地	向前/后走3步吸腿
脚尖前点地(脚跟前点地)	脚尖侧点地(脚跟侧点地)
脚尖后点地	上步吸腿
向前摆腿	向侧摆腿
向后摆腿	向前踢腿
向侧踢腿	向后踢腿
向前弹踢腿跳	向侧弹踢腿跳
向后弹踢腿跳	向前并步跳
向侧并步跳	向后并步跳
向前跑	向后跑
前后双跳步	左右双跳步

(二)健美操基本动作解释

1. 踏步：两腿原地依次抬腿，依次落地。

2. 走步：迈步向前走4步或向后走4步，然后反之。向前走时脚跟先落地，过渡到前脚掌，向后走时则相反。要点：在落地时，膝、踝关节有弹性地缓冲。

3. 一字步:一脚向前一步,另一脚并于前脚,然后再依次还原。要点:向前迈步时,先脚跟着地,然后过渡到前脚掌,前后均要有并腿过程,每一拍动作膝关节始终有弹性地缓冲。

4. V字步:一脚向前侧方迈一步,另一脚随之向另一方迈一步,成两脚开立,屈膝,然后再依次退回原位。要点:两腿膝、踝关节始终保持弹动状态,分开后成分退半蹲,重心在两脚之间。

5. 漫步:一脚向前迈出,屈膝,重心随之前移,另一脚稍抬起,然后原地落下,或者向后撤一步,重心后移,另一脚稍抬起,然后原地落下。要点:两脚始终保持交替落地,身体重心随动作前后移动。但始终在两脚之间。变化动作:漫步转体。

6. 跑步:两腿经过腾空,依次落地缓冲,两臂屈肘摆臂。要点:落地屈膝缓冲,脚跟尽量落地。

7. 并步:一脚迈出,另一脚随之并拢屈膝点地;再向反方向迈步。要点:两腿始终保持弹动,动作幅度和力度可随风格而定。

8. 迈步点地:一脚向侧迈一步,两腿经过屈膝移动重心,另一腿再前、侧、后用脚尖或脚跟点地。要点:两膝同时有弹性地屈伸,重心移动轨迹成弧形:上体不要扭转。

9. 迈步,吸腿:一脚迈出一步,另一腿屈膝抬起,然后向反方向迈步。要点:经过屈膝半蹲,抬膝时支撑腿稍屈膝。

10. 侧交叉步:一脚向侧迈一步,另一脚在其后交叉,随之再向侧迈一步,另一脚并拢,屈膝点地。要点:第一步脚跟先落地,身体重心快速随着脚步而移动,保持膝、关节的弹动。

11. 脚尖点地:一腿稍屈膝站立,另一腿伸出,脚尖点地,然后还原到并腿姿势。要点:支撑腿始终保持屈膝站立,并且随动作有弹性地屈伸。(脚跟点地略)

12. 吸腿:一腿屈膝抬起,落下还原。要点:支撑腿保持屈膝弹动,大腿上抬超过水平;上体保持正直。

13. 弹踢腿:一腿站立(跳起),另一腿先向后屈,然后向前下方弹踢,还原。通常以高冲击力的形式出现。要点:腿弹出时要有控制,保持上体正直。

14. 开合跳:由并腿跳起,分腿落地,然后,再由分腿跳起,并腿落地。要点:分腿屈膝蹲时,两脚自然外开,膝关节沿脚尖方向屈,膝关节夹角不小于90度,脚跟落地。

15. 半蹲:两腿有控制地屈和伸。可分为并腿半蹲和分腿半蹲。分腿半蹲时,两腿左、右分开稍大于肩(或与肩同宽),脚尖稍外开,屈膝时关节角度不得小于 90 度,膝关节对准脚尖方向,臀部向后 45 度方向下蹲,上体保持直立。

16. 弓步:两腿前后分开,两脚平行站立,蹲下、起来。要点:半蹲时后腿膝关节向下,大腿垂直于地面,重心始终在两脚之间。

三、基本动作分解

(一)准备动作

音乐 2/4 拍中速。

准备姿态:头看前方,双手自然下垂,大八字位。

准备拍 4 拍:慢慢吸气、呼气。

头部

1～2　低头,还原。

3～4　仰头,还原。

5～6　左摆头,还原。

7～8　右摆头,还原。

2×8 拍。

1～2　左转头,还原。

3～4　右转头,还原。

5～6　左转头,还原。

7～8　右转头,还原。

2×8 拍。

1～8　头部左绕环,一次。

1～8　头部右绕环,一次。

2×8 拍。

肩部

慢:提肩,压肩各两次。

快:

1～　提肩。

2～　压肩。

3～　提肩。

4～　压肩。

5～8 从复。

2×8 拍。

1～8　前绕肩 4 次。

1～8　后绕肩 4 次。

1～4　前绕肩 2 次。

5～8　后绕肩 2 次。

3×8 拍。

胸部

1～4　垂臂，含胸 2 次。

5～8　垂臂，腆胸 2 次。

2×8 拍(慢)。

1～2　垂臂，含胸 1 次，腆胸 1 次。

2×8 拍(快)。

1～4　屈肘，含胸 2 次。

5～8　屈肘，腆胸 2 次。

2×8 拍(慢)。

1～2　屈肘，含胸 1 次，腆胸 1 次。

2×8 拍(快)。

1～4　直臂，含胸 2 次。

5～8　直臂，腆胸 2 次。

2×8 拍(慢)。

1～2　直臂，含胸 1 次，腆胸 1 次。

2×8 拍(快)。

腰部(慢)

1～　左摆腰，双臂体侧。

2～　右肩前倒，同左肩水平。

3～　还原到第 1 拍位置。

4～　正位。

5～8　同 1～4 动作相反。

2×8 拍(快)。

2×8 拍，重复做上面动作。

踏步 2×8 拍

(二)跑跳操

第一组合

走步,吸腿,并步,V字步,开合跳小组合　4×8拍

1～4　左脚起向前走3步,右腿吸腿。

5～8　右脚向后走3步,左腿吸腿。

1～2　向左并步,双臂左摆。

3～4　向右并步,双臂右摆。

5～8　向左跳并步,双臂大幅度绕环,摆至左方。

1～4　右脚起"V"字步

5～8　叉腰,开合跳,两次慢。

1～4　叉腰,开合跳,一次慢的。

5～8　叉腰,开合跳,两次快。

右脚起做上面的反方向动作。4×8拍。

2×8拍,踏步放松。

第二组合

并步,吸腿　1×8拍

1～2　向左跳并步,双臂左摆。

3～4　向右跳并步,双臂右摆。

5～6　叉腰,右腿吸腿。

7～8　左腿吸腿。

走步顶髋　2×8拍

1～4　左脚向前走4步。

5～8　左右顶髋。叉腰或屈肘左右摆动。

1～4　左脚向后腿4步。

5～8　左右顶髋。叉腰或屈肘,左右摆动。

走步,吸腿,转身　2×8拍

1～4　左脚向前走4步。

5～6　左踮步,吸右腿同时左转身并击掌。

7～8　右踮步,吸左腿同时左转身并击掌(5～8拍转身180度)。

2×8拍,做以上反面动作,回到原地位置。

V字步,并步　2×8拍

1～4　V字步,双脚收回时击掌2次。

5～8　并步，双臂半握拳，屈肘向上，进行左右打开，小臂相合动作。

2×8 拍，重复动作。

前、后并步跳，摆腿跳　2×8 拍

1～4　向前并步跳 2 次，手臂自然弯曲。（见图 3.1.1）

5～8　摆腿跳 2 次，手臂斜前方伸展。（见图 3.1.2）

图 3.1.1

图 3.1.2

1～4　向后并步跳 2 次，手臂自然弯曲。

5～8　摆腿跳 2 次，手臂斜前方伸展。

左、右并步跳，摆腿跳　2×8 拍

1～4　向左并步跳 2 次，手臂自然弯曲，向左划 2 圈。

5～8　摆腿跳 2 次，手臂斜前方伸展。（见图 3.1.3）

图 3.1.3

1～4　向右并步跳 2 次，手臂自然弯曲，向右划 2 圈。

5～8　摆腿跳 2 次，手臂斜前方伸展。

踏步放松

（三）健美操

音乐：2/4 拍，节奏稍快。

预备动作：左脚起踏步动作 1×8 拍。

一字步，吸腿跳　2×8 拍

第 1 拍：左脚向前一步，重心随之前移，双手握拳，胸前交叉。

第 2 拍：左腿屈膝，踮跳一次，右腿吸腿，双臂打开上举。（见图 3.1.4）

图 3.1.4

第 3 拍：右脚还原，双手握拳，胸前交叉。

第4拍:左脚还原,双臂下摆。

第5～8拍:同1～拍动作,但脚的方向相反。

V字步 2×8拍

第1拍:右脚向右前方迈一步,同侧伸直右臂。

第2拍:左脚向左前方迈一步,同侧伸直左臂。

第3拍:左脚还原,双臂胸前半直臂交叉。

第4拍:右脚还原,双臂还原正位。

第5～8拍:重复1～4拍动作。或者改变方向做V字步动作。

小马跳 2×8拍

第1拍:左脚向左侧跳一步,左移重心,右脚立半脚尖随之跟上,双臂侧平举,随之右小臂向头部摆动,立掌。(见图3.1.5)

图3.1.5

第2拍:左脚踮跳,右脚脚掌随之踏地,重心在左脚。

第3～4拍:与1～2拍动作相同,但方向相反。

第5～8拍:重复第1～4拍动作。

迈步,点地 2×8拍

第1拍:左脚向左侧迈一步,同时双臂握拳于两侧腰间。

第2拍:右脚点地,右臂左上方冲拳。用力蹬直右腿,重心在左腿。

第3～4拍:与1～2拍动作相同,但方向相反。

第5～6拍:分腿跳,半蹲,双手握在膝盖上部。

第7～8拍:并脚跳,击掌。

走步、弹踢腿 2×8拍

第1～4拍:左脚向前走4步。

第5～8拍:左右脚依次弹踢腿,双臂前摆随之还原。(见图3.1.6)

图3.1.6

后并步,摆单腿 2×8拍

第1拍:左脚向后一步,身体面向左侧,双臂打开,立掌。

第2拍:右脚并步,同时于胸前击掌。重心在左脚。

第3拍:身体转向右侧,随之右脚向后一步,双臂打开,立掌。

第4拍:左脚并步,击掌。重心在右脚。

第5～6拍:左脚向侧一步,重心左移,双腿稍屈,随之跳起，摆右腿。同时双臂打开上举。

第 7～8 拍：右脚左前方漫步，双臂抱拳。

踏步放松，调整呼吸，双臂舒展 2×8 拍

（四）轻松健美 5 分钟

音乐 2/4 拍，中速。

准备姿态：头看前方，正位站立，双手下垂，听准节拍。准备拍 1×8 拍。右脚起踏步。

踏步 1×8 拍

并步跳 4×8 拍

第 1 拍：右脚向右侧迈一步，双手胸前击掌。

第 2 拍：右移重心，左脚并拢，随之双腿屈膝弹动，双臂握拳，向后自然摆动。

第 3～4 拍：与第 1～2 拍动作相同，但方向相反。

第 5～8 拍：重复第 1～4 拍动作。

侧后点地，叉腰位 2×8 拍

第 1～2 拍：右脚向右侧迈一步，随之左脚在后面点地，脚掌用力蹬，使左腿伸直。（见图 3.1.7）

第 3～4 拍：与第 1～2 拍动作相同，但方向相反。

第 5～8 拍：重复第 1～4 拍动作。

侧后点地（扩展动作 1） 2×8 拍

第 1～2 拍：下肢动作相同。双手握拳于胸前交叉，拳心向外。双臂打开，体侧下摆，掌心朝前。

第 3～4 拍：下肢动作与第 1～2 拍相同，但方向相反。上肢动作相同。

图 3.1.7

第 5～8 拍：重复第 1～4 拍动作。

侧后点地（扩展动作 2） 2×8 拍

第 1 拍：下肢动作相同。叉腰。

第 2 拍：右手臂握拳，由体侧向上大幅度摆动。

第 3～4 拍：与第 1～2 拍动作相同，但方向相反。

第 5～8 拍：重复第 1～4 拍动作。

分退半蹲，叉腰位 2×8 拍

第 1 拍：右脚向右侧迈一大步，半蹲。重心随之右移。

第2拍：左脚并步，双腿立直。

第3～4拍：同第1～2拍动作。

第5～8拍：右脚在右侧点地，第6拍原地踏步，双臂前后摆动，依次进行踏步动作。

分退，半蹲，侧摆臂　4×8拍

第1拍：下肢动作与上面相同，同时双臂侧平举。

第2拍：右手小臂向胸前摆动。

第3～4拍：右小臂向侧摆动，随之再次摆至胸前。

第5～8拍：同上一节第5～8拍动作。

走步，脚尖点地，叉腰位　4×8拍

第1～2拍：右脚脚尖前点地随之落地，重心前移随之稍向右转体。

第3～4拍：左脚脚尖前点地随之落地，重心前移随之稍向左转体。

第5～8拍：依次重复第1～4拍动作。

第2×8拍

第1～4拍：左手臂侧平举，右脚起踏步走，左绕圆，回到原地。（见图3.1.8）

第5～8拍：原地踏步，左手叉腰，右手小臂依次向上、向侧摆动。

绕单臂（下肢动作与上一节第1～2拍动作相同）　4×8拍

第1～2拍：屈右臂，肘关节带动顺时针在胸前绕一下，随之放下。

第3～4拍：屈左臂，肘关节带动顺时针在胸前绕一下，随之放下。

图3.1.8

第5～8拍：依次重复第1～4拍动作。

第2×8拍　动作同上一节第2×8拍动作。

绕双臂（动作同上一节基本相同）　4×8拍

在第1～8拍中双臂同时屈臂顺时针绕。其余动作相同。

重复动作，顺序如下：

1. 侧后交叉，点地（扩展动作1）4×8拍；
2. 侧后点地（扩展动作2）4×8拍；
3. 分退、半蹲，侧摆臂4×8拍；
4. 绕单臂4×8拍；
5. 绕双臂4×8拍。结束。

四、欣　赏

1. 健身操(青年健身操 1、2、3、4)。
2. 女子柔软体操。
3. 健身操基础教程。
4. 女子仪态操。
5. 健美操。

测试题

1. 什么是健美操?
2. 怎样理解健美操高度的艺术性及其具有健、力、美的作用?
3. 结合动作过程,理解训练健美操的具体作用和表现。
4. 熟练掌握两套健美操动作及要领,动作协调,具有节奏感。

附:全国第二套健美操大众锻炼标准一级(参考套路)

附：健美操大众锻炼标准测试套路（一级）

动作图解

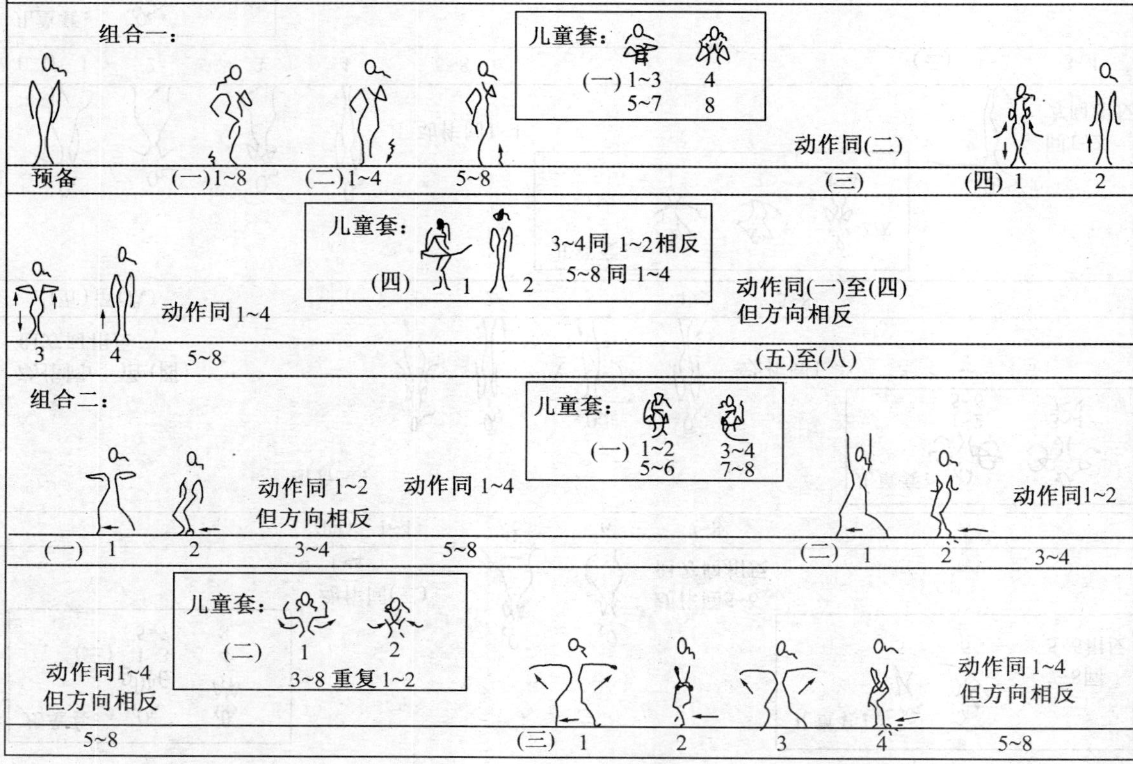

拍节	动作说明
	有氧操部
	组合一 4×8×2
(一)	8次踏步
(二)	8次走步
(三)	动作同(二)
(四)	4次半蹲
(五)至(八)	动作同(一)至(四)，但方向相反
	组合二 4×8×2
(一)	4次侧并步
(二)	2次连续两次侧并步
(三)	2次交叉步
(四)	
1~4	1次交叉步
5~8	2次迈步后屈腿
(五)至(八)	动作同(一)至(四)，但方向相反

动作图解

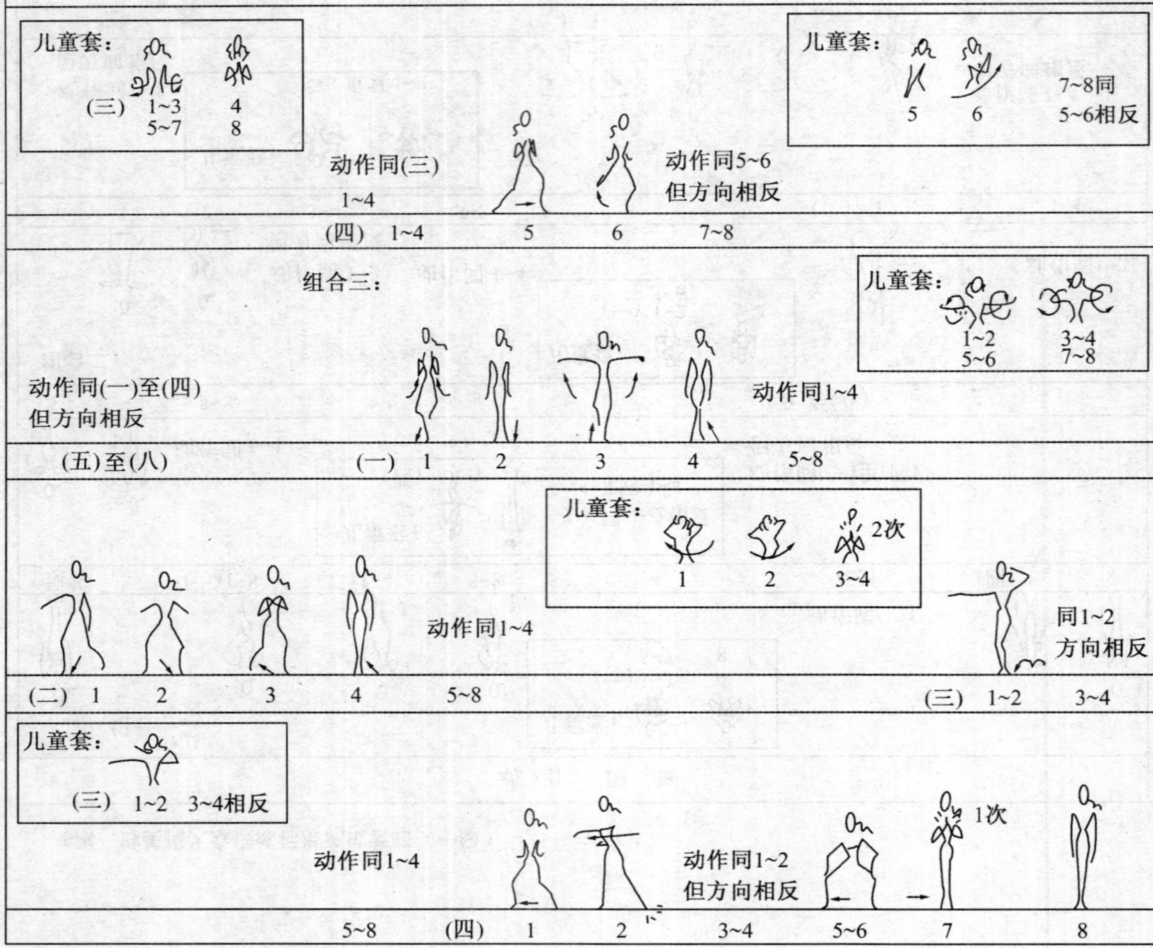

拍节	动作说明
	组合三 4×8×2
(一)	2次一字步
(二)	2次V字步
(三)	4次小马跳
(四)	
1~4	2次迈步侧点地
5~8	1次半蹲
(五)至(八)	动作同(一)至(四)，但方向相反

动作图解	拍节	动作说明
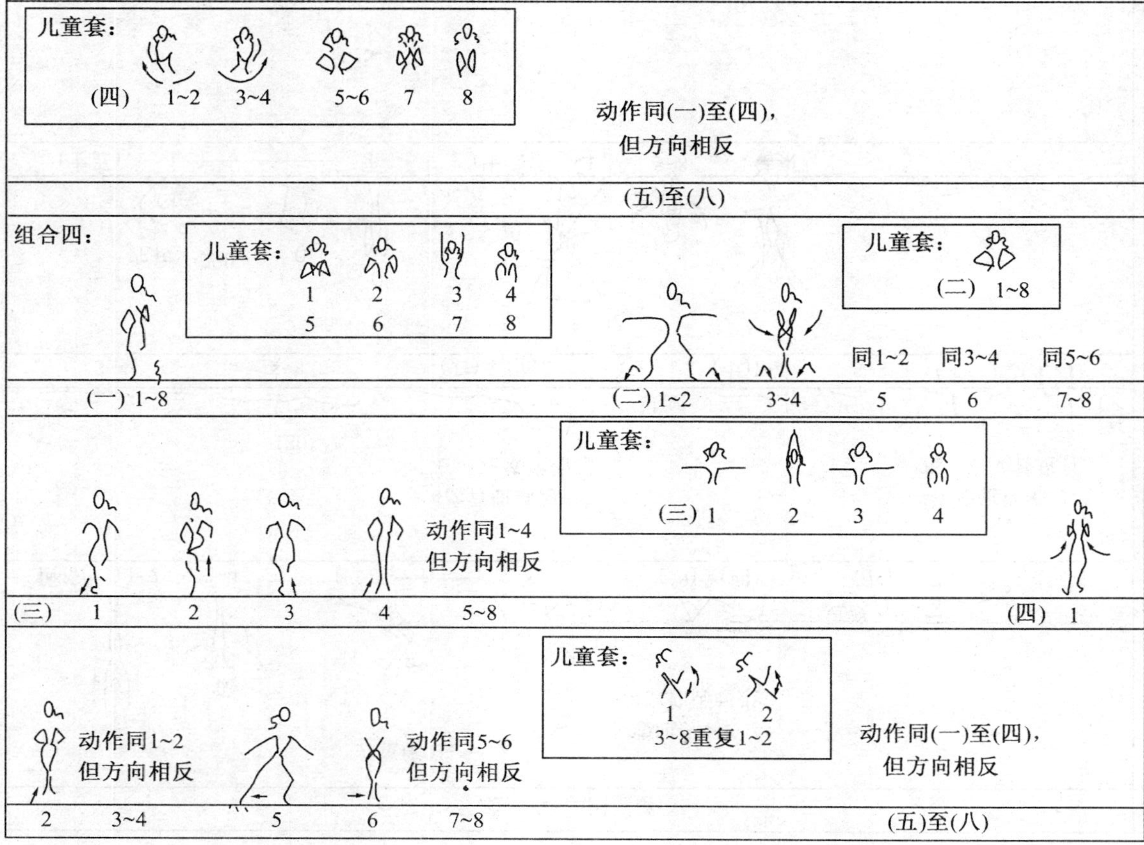	(一) (二) (三) (四) 1~4 5~8 (五) 至 (八)	组合四 4×8×2 8次跑步 3次开合跳 2次迈步吸腿 2次前点地 连续两次侧点地 动作同(一)至(四)，但方向相反

动作图解	拍节	动作说明
力量练习： 腹肌练习： 4次仰卧起坐 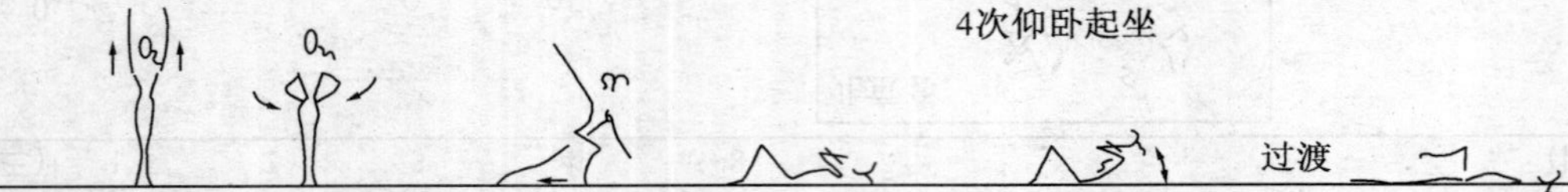 预备(一) 1~2　3~4　(二)1 —— 8　(一)至(四)　过渡 (五)　1~2 4次背肌练习 右、左依次抬起 4次稳定性练习 左、右交替进行 180° 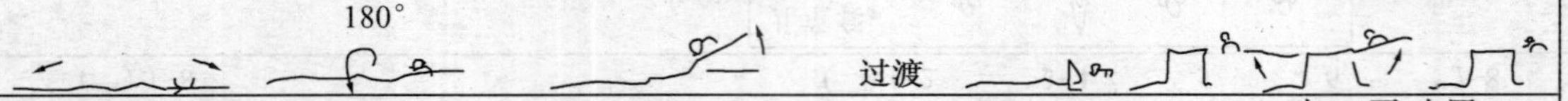 3~4　5~8　(六)至(九)　过渡 (十)1~4　5~8　(十一)至(十四) 左转　270° 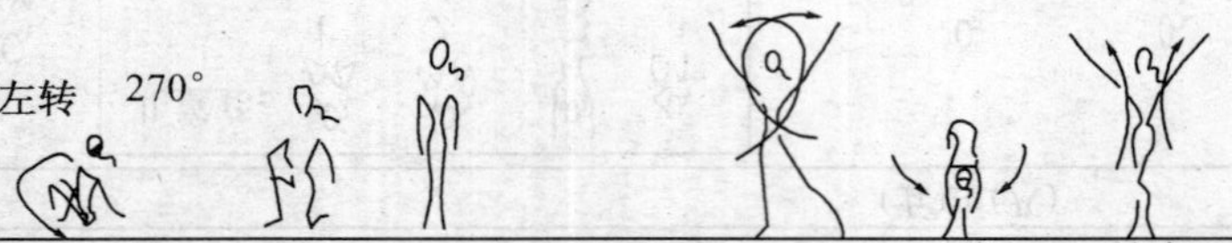 (十五)　1 —— 8　(十六)　1~4　5~8　结束	 1~4 1~8 (一) 至 (四) (五) 1~2 3~4 5~8 (六) 至 (九) (十) (十一) 至 (十四) (十五) (十六)	力量练习部分12+(16×8) 预备动作 从站立到屈腿仰卧 4次仰卧收腹 过渡动作 吸右腿 右腿并左腿，两手上举 向左转体180度成俯卧 4次背肌，起上体，举单臂 过渡动作：成跪撑 核心稳固性练习 4次跪单腿单臂平衡 向左转体起成站立 结束 动作

第2节　女子仪态操

教学目标

1. 学习女子仪态操，表现流畅、舒缓、圆滑的动作特点。

2. 通过学习增强抬头、挺胸、立腰、立背、收腹的控制能力。增强身体灵活性和柔韧性，塑造优美姿态，提高形体素质。

3. 欣赏音乐的旋律和节奏，体验音乐的思想情绪，培养对音乐的感受能力，培养学生发现美、领悟美、表现美和创造美等审美能力。

一、仪态操简介

（一）仪态操的特点和作用

女子仪态操，是一套适合不同年龄、不同性别的大众健身操，它动作优美，简单易学，轻松活泼。女子仪态操动作分七组。根据初学者特点，通过分段讲解、示范、成套动作演示等形式，由浅入深地展现出来，具有较强的普及性、教育性特点。其动作对比比较鲜明。有的动作较舒展、流畅而圆滑；有的比较强烈，有力度，节奏感比较强，动作幅度也大，全身各部位肌肉都能得到充分的拉伸，同时对身体的协调、稳定能力有一定的要求。

实践证明，通过锻炼不仅能增强体质，塑造优美体态，还能陶冶高尚情操，培养高雅的气质。通过动作训练，能改变人体自然的松懈状态，使站立形体自然得体、精神饱满，亭亭玉立；步态从容、协调、稳健、轻松、敏捷；步速均匀有节奏，给人一种高雅、气质的美感；举止显得优雅、大方、亲切、自然。

（二）基本要求

首先，在做动作时一定要注意姿态，保持动作准确，挺胸、立腰、收腹、提臀；尽量把身体拉长，良好的姿态会使你在生活中显得挺拔、舒展。

第二，塑造形体，就是从体验到审美的过程。在形体训练过程中要善于把富有感情的、大方得体的姿态融进身体语言之中去。不要只求模仿，轻视体验。要善于通过姿态去表达音乐的思想情绪，使动作舒缓、流畅。

第三，在学习和练习过程中，一定要面带微笑，心情愉快、舒畅，感觉自己非常美，这样有利于理解和掌握。当同学们伴着音乐，通过动作去表达音乐情感时，身体的变化不再是随意的，而是被音乐的情绪所引导、所诱发，从而开发人的想象力和创造美的能力。

第四，要达到锻炼效果，在学会之后要坚持长期锻炼。

二、基本动作分解

音乐 4/4 拍《化蝶》

（一）第一组动作

准备姿态：丁字步位站立，双手自然下垂，头看前方。

准备拍 2×8 拍（前奏）

动作 1　2×8 拍

1～2　双臂前举。

3～4　双臂上举至头上方。（见图 3.2.1）

5～6　双臂向侧打开，手心向上，头看左侧。（见图 3.2.2）

图 3.2.1

图 3.2.2

7～8　翻腕放下，头看前方。

1×8 拍，作反面动作。

动作 2　2×8 拍

1～2　两臂前举。

3～4　向侧打开，成侧举，同时，头看右侧。

5～6　两臂上举，头看前方。

7～8　翻腕，体前放下。

1×8 拍头看右侧，动作同上面。

1～4　两臂前举。

5～8　向侧打开，成侧举，同时，头看左侧。

1～4　两臂上举，头看前方。

5～8　翻腕，体前放下。

动作 3　2×8 拍

1～2　双臂侧平举。

3～4　左臂保持侧平举，右臂向左摆至头上方，同时，腿稍曲。（见图 3.2.3）

5～6　右手臂向下打开至侧平举，手心朝上，腿伸直。

7～8　翻腕，双臂还原。

1～2　双臂侧平举。

3～4　右臂保持侧平举，左臂向右摆至头上方，同时，腿稍曲。

5～6　左手臂向下打开至侧平举，手心朝上，腿蹬直。

翻腕，双臂还原。（见图 3.2.4）

图 3.2.3

图 3.2.4

动作 4　2×8 拍

准备姿态：正位站立，双手下垂，头看前方。

1～2　左脚擦地绷脚向前一步，重心移至左腿，右臂前举。

3～4　右脚擦地绷脚向前一步，重心移至右腿，右臂上举。（见图 3.2.5）

5～6　左脚擦地绷脚再向前一步，重心移至左腿，右臂向侧打开。

7～8　右臂襟侧放下，双腿半蹲，上体前驱，双臂下垂。（见图 3.2.6）

1～2　右脚向后一步，重心移至右腿，左臂前举。

3～4　左脚向后一步，重心移至左腿，左臂上举。

图 3.2.5

图 3.2.6

5～6　右脚向后一步，重心移至右腿，左臂向侧打开。

7～8　左臂襟侧放下，双腿半蹲，上体前驱，双臂下垂。

（二）第二组动作

动作 1　2×8 拍

1～2　左脚向侧擦地迈一步，脚尖指向左方，身体挺拔有力。

3～4　以髋关节为轴，上体摆向左侧，与下肢成 90 度。左手臂贴身下滑垂直地面，右手臂向上，双臂在一条直线上。

5～6　左手臂向右侧伸展至髋部，右手臂在头上方向左伸展。双臂成左右方向伸展开来。

7～8　上身还原，半蹲，含胸；双臂成弧形交叉随之向上举，同时身体直立，抬头。

2×8 拍：做上面反面动作。

1×8 拍间奏：双臂还原，调整呼吸。

动作 2　2×8 拍

1～2　右手臂成弧形，肘关节带动上举，头、胸部协调动作。

3～4　低头、含胸、屈膝，同时右手臂沿着身体下滑至膝盖部位。

5～8　同 1～4 拍动作，但方向相反。

1×8 拍重复上面动作。

动作 3　2×8 拍

1～2　右脚擦地向右侧迈一大步，重心右移；右手臂向右前方伸展，左手襟位。

3～4　左脚并步，随之吸腿，同时右臂上举，身体挺拔直立。

5～8　同1～4动作，但方向相反。

1×8拍重复上面动作。

动作4　2×8拍

1～2　右脚擦地向右侧迈一大步，重心右移，右转身，右臂成侧平举，手心朝上。

3～4　左脚并步，双腿屈膝，上身直立；左臂前举，向远方伸展。

5～8　同1～4拍动作，但方向相反。

（三）第三组动作

准备姿态：八字步位，双臂侧平举。

动作1

1～4　右手叉腰，左脚向左侧夸一步，成左弓步，左臂上摆，手心向下。（见图3.2.7）

5～8　右腿跟上，左臂翻腕上举。（见图3.2.8）

1～8　左脚向左侧再夸一步，动作同前面1～8拍。

1～4　右脚向左脚前一步，右臂由下摆至上举，身体左转360度。（见图3.2.9）

图3.2.7

图3.2.8

图3.2.9

5～8　双手臂翻腕，襟侧打开。

1～4　右脚向右夸一大步，成右弓步，右臂上摆，手心向下。

5～8　左腿跟上，右臂翻腕上举。

1～8　右脚向右侧再夸一大步，动作同前1～8拍。

1～4　左脚向右一步，左臂由下摆至上举，身体右转 360 度。

5～8　双手臂翻腕，襟侧打开。

动作 2

1～2　右脚向左前方踏一步，左转体，同时，右臂向左侧摆，左臂上举。（见图 3.2.10）

3～4　身体还原。

5～6　左脚向右前方踏一步，右转体，同时，左臂向右侧摆，右臂上举。

7～8　身体还原。

2×8　重复上面动作。

动作 3

1～2　右脚向左前方踏一步，左转体，同时，右臂上摆，左臂侧举。

图 3.2.10

3～4　身体还原。

5～6　左脚向右前方踏一步，右转体，同时，左臂上摆，右臂侧举。

7～8　身体还原。

2×8　重复上面动作。

（四）第四组动作

准备姿态：大八字步位，双臂侧举。

动作 1

1～4　右手于腹前，左臂上举于头上方，双手手心相对，同时屈双腿。（见图 3.2.11）

5～8　右臂上举，与左臂同时打开，襟侧放下，同时双腿还原。

1～4　右臂下垂，左臂上举，手心相对，同时屈双腿。

5～8　右臂上举，与左臂同时打开，襟侧放下，同时双腿还原。

4×8 拍重复上面动作。

图 3.2.11

动作 2

1～2　左弓步，左手臂体侧上举，右手臂体侧。（见图 3.2.12）

图 3.2.12

3～4　左手臂体侧，右手臂上举随上体左摆腰。

5～8　还原

1～4　右弓步，右手臂体测，左手臂上举随上体右摆腰。

5～8　还原。

2×8 拍从复上面动作。

动作 3

1～2　左脚向左夸一大步，双腿曲，同时，双臂体前交叉。（见图 3.2.13）

3～4　右脚跟上，双臂打开，侧上举。

5～6　左脚再向左夸一大步，双腿曲，同时，双臂体前交叉。

3～4　右脚跟上，双臂侧上举。

1～2　右脚向右夸一大步，双腿曲，同时，双臂体前交叉。

3～4　左脚跟上，双臂侧上举。

5～6　右脚再向右夸一大步，双腿曲，同时，双臂体前交叉。

3～4　左脚跟上，双臂侧上举。

图 3.2.13

（五）第五组动作

准备姿态：正位站立。

动作 1

1～4　左脚向左后撤一步，后倒体，双臂自然展开，顶髋，蹬地．左腿闭上，重心前移。（见图 3.2.14）

5～8　双臂头上方交叉，打开。（见图 3.2.15）

图 3.2.14

图 3.2.15

1～4　右脚向右后撤一步，后倒体，双臂自然展开，顶髋，蹬地，右腿闭上，重心前移。

5～8　双臂头上方交叉，打开。

动作 2

图 3.2.16

1～4　左脚向前一步，手臂前举，襟前交叉。（见图 3.2.16）

5～8　蹬地，重心前移，双臂向侧打开。

1～4　右脚向前一步，手臂前举，襟前交叉。

5～8　蹬地，重心前移，双臂向侧打开，放下。

（六）第六组动作

准备姿态：正位站立。

1～4　左脚向左侧夸一步，重心在左腿上，双臂左摆。（见图 3.2.17）

5～8　双臂右摆，重心在右腿上。

1～4　双臂左绕环，向左并步，左弓步。

5～8　双臂握拳，拉回，同时，右腿跟上去。（见图 3.2.18）

2×8 拍作上面的反面动作。

图 3.2.17

图 3.2.18

（七）第七组动作

准备姿态：大八字位，双臂侧举。

动作 1

1～4　上身前倾 90 度，双臂前举，由右襟前向左方向。

5～8　向左后绕，双臂打开，左臂侧举，右臂上举。（见右图 3.2.19）

1～4　上身前倾 90 度，双臂平举，由左襟前向右方向（右涮腰）。

5～8　向后绕，双臂打开，右臂侧举，左臂上举。

2×8 拍从复上面动作。

动作 2

准备姿态：面向 2 点，右腿弓步，左腿跪地。

1～4　上身前曲，双臂前举。（见图 3.2.20）

图 3.2.19

图 3.2.20

5～8　上体直起，双臂上举，襟前打开。

1～4　上身再一次前曲，双臂前举。

5～8　上身直起，下腰，左臂体后侧垂直地面，手接触地面，右手臂上举。（见图 3.2.21）

图 3.2.21

在基本姿态操中，活动的关节，显现旺盛的生命，悠扬的旋转谱写着一曲健美的赞歌。

【教学提示】

1. 认真练习女子仪态操，掌握每组动作的要领，使动作准确。

2. 在动作过程中检查自己抬头、挺胸、立腰、立背的控制能力。

3. 善于用姿态表达音乐的思想情绪，使动作富有艺术性。

4. 理解动作的训练过程就是塑造形体的过程。

三、健美苑

（一）健美常识

1. 肥胖的原因

（1）遗传因素。

(2)不良生活方式——营养过剩。

(3)缺乏锻炼。

(4)精神因素——抑郁、压力过大。

(5)甲状腺切除——病态肥胖。

2. 控制和均衡饮食

(1)控制饮食量,科学地生活。

(2)均衡地饮食。①少吃高脂肪,高胆固醇的食物。②少吃高热量的食物。③多吃蔬菜、水果,增加纤维素(如芹菜、水果渣等)。④注意盐分的摄取量。⑤少吃或不要吃零食。⑥减少单一化合物物质的摄入量。⑦减少酒的摄入量。⑧增加复合化合物、谷类、淀粉类。⑨增加水的摄入量。

(二)面部健美运动

表情是从人的面貌或姿态上表达内心的思想感情。表情主要指人的眼、眉、鼻、嘴等面部情态。

形体语言或体态语言形式能表现出人的真情实意,有时候是人的有声语言难以表达的,所以,人们在判断某人的真意时,往往会以他的形体语言或者表情作为依据。因此,人的表情在人与人之间的沟通上占有相当重要的位置,它能反映一个人的交际形象,更能体现一个人潇洒、高雅的风度,一个眼神、一个微笑都满含着语言难以表达的魅力。构成表情最突出的因素是目光和笑容。

1. 目光

目光是面部表情的核心。人的眼睛时刻在"说话",时刻道出内心的秘密。交谈时应学会用眼睛与对方沟通,亲切地、温和地注视着对方,意味着对其尊重和重视,"眼睛是心灵的窗口",它如实反映一个人的内心世界。

一个良好的交际形象,目光应坦然、亲切、和蔼、有神的,特别是与人交谈时,目光应该注视对方,使人感到你的自信和坦率。通常视线应停留在对方双肩和头顶所构成的区域内,表示自已的态度是真诚的,不应该躲闪或游移不定。更应该避免呆滞、漠然、疲倦、机械敌视的目光。

我们以双手动作配合,练习眼睛的灵活性、目光的神情、眼部肌肉表情等。

(1)伸出双手于眼前约40厘米,伸出兰花指不停地交叉、翻转、手指屈伸,如同鲜花开放,用眼睛愉快地去欣赏,微微掀动鼻翼,如同闻到花香,感到亲人心扉,心旷神怡。

(2)伸出右手食指和中指,眼睛跟着上、下、左、右移动,移动幅度要大,动作由慢到快。每次坚持10次。

(3)伸出右手食指和中指，眼睛跟着顺时针转动5圈，再逆时针转动5圈，然后顺时针、逆时针相互交替一次转动。转动时，幅度要大，尽量使眼部肌肉拉伸。动作由慢到快逐步进行。

2. 微笑

微笑是一种礼节。见面时点头微笑，人们会意识到这是尊重和欢喜的表示。微笑是一种特殊的欢迎方式，代替语言上的欢迎并且表现的情感更深刻、细腻。微笑作为一种表情，它是一种健康文明的举止。要微笑好，必须发自内心，亲切自然。一个善于通过目光和笑容表达美好感情的人，可以使自己富于魅力，也会给他人以更多的美感。我们可以用以下方式练习。

(1)可以结合目光练习中(1)的动作加强练习。

(2)把嘴微微闭上，嘴角向耳边上拉，两颊肌肉有拉紧的感觉。反复练习10次。

(3)眉向上提高，可将手指方在额头边，若感到肌肉向上移动，则表示动作正确。反复练习10次。

(4)张开眼睛，然后，拉长眼部肌肉。反复练习10次。

①把唇紧紧合上，嘴角向耳边上拉，有助两颊肌肉拉紧。

②把嘴轻轻张开，跟随下颌向左右移动，开始慢慢进行，习惯后再将速度加快。

③把唇紧紧闭上，含足气，使两颊鼓起，使两颊皮肤收紧。将口用力内吸，两颊则凹入，做时两颊会感到轻微疼痛。

④眉向上提高，可将手指方在额头边，若感到肌肉向上移动，则表示动作正确。

(5)将口尽量张开，做“啊，啊——”的发音口型，除了下颌开大，上唇及两边张大。

(6)唇向两边张开，做“衣，衣——”的发音口型，使两颊肌肉拉紧。

(7)口型成“○”型，尽量用力使颊边肌肉收紧。

(8)用食指及中指，进行下颚肌肉按摩。首先用左手在右边下颚肌肉开始，用食指及中指成剪刀动作，顺着下颚肌肉由上而下按摩。

(9)左右两手交叉，从颈下开始向上按摩，左右各从复6次，做时下颚有挤压的感觉。

(10)用右手在左边耳下按摩，动作同下颚肌肉按摩一样，左右动作各从复6次。

(11)面向左方,使下颚向外伸出,充分伸展下颚及颈部肌肉,使面部肌肉拉紧,维持10秒,转向右方,从复动作维持10秒钟。

健康的表情是自然诚恳、和蔼可亲的,是一个人优雅风度重要组成部分。人际间多一些敬重,多一些宽容,多一些爱心,多一些美好的追求,表情就可以更美,交际形象也会更有风度。

【本章小结】本章首先学习了健美操的基本知识,包括什么是健美操,健美操的本质特征,健美操的作用,增强健美意识,能够运用科学的健美方法指导训练。重点掌握健美操的基本动作要领及其特点,同时能跟上节拍轻松愉快地锻炼,达到锻炼目的。第二,重点学习女子仪态操,要求掌握动作要领及其动作特点,体验音乐情绪,善于用姿态表达音乐的思想感情。

附录

形体训练教程教学基本要求

（适用于大、中专学生，共计38学时）

一、课程性质和任务

形体教育，是在学校和社会教育活动中进行广泛的审美教育。本书主要依据学生特点，教育形式丰富多彩，方法简单而灵活，动作由浅入深，分段清晰，简便易学，动作显得青春活力，给人一种高雅、气质的美感。通过形体训练，使举止显得优雅、大方、亲切、自然。教材内容主要包括形体教育理论，训练内容和方式，主要任务是让学生正确理解形体美的标准，指导学生掌握科学的健身方法和技能，提高审美能力，增强整体素质。

二、课程教学目标

（一）知识教学目标

1. 正确认识形体美，掌握形体美的基本含义。
2. 进行形体训练的意义和作用。
3. 形体姿态与职业特点的规格要求。
4. 学习科学的健美知识和训练方法。

（二）能力培养目标

1. 通过训练，克服身体的自然松懈状态，纠正不良体态。
2. 通过各种形式训练，培养学生立腰、立背、挺胸、抬头的控制能力。
3. 掌握基本动作，使动作准确、协调。

4. 体验音乐的节奏、旋律，培养学生对音乐的感受能力，提高欣赏美、塑造美等审美能力。

5. 丰富想象力和创造力。

（三）思想教育目标

1. 陶冶美的情操，培养学生的思想、品质、修养、礼仪，用美浸润心灵。

2. 在心灵方面，对适应团体活动，人际交往，接受组织教育，遵守公共秩序，有重要作用。

3. 培养乐感和自信心，使学生对生活和学习充满信心。

4. 提高学生精神气质和风貌。

三、教学内容和要求

形体教学内容分基础模块，实践模块，选学模块，基本要求分为了解、理解、掌握，具体说明如下：

教学内容	教学要求					
	基础模块	实践模块	选学模块	了解	理解	掌握
1. 形体基本理论	√				√	
形体概述						
什么是形体美						
形体训练的意义和作用	√				√	
形体与职业的要求						
身体形态的规格要求		√				√
2. 形体训练						
(1)热身体操	√					√
(2)形体基础训练		√				√
拉伸操组合		√				√
(3)基本素质训练		√				√
3. 健美操						

续表

教学内容	教学要求					
	基础模块	实践模块	选学模块	了解	理解	掌握
(1)有氧运动健美操	√					
健美操概述					√	
健美操基本动作简介		√			√	
基本动作分解		√				√
欣赏			√	√		
(2)女子仪态操						
仪态操简介	√				√	
基本动作分解		√				√
健美苑			√	√		

四、学时分配

序号	教学内容	学时数		
		理论	实践	合计
1	形体基本理论	2	2	4
2	形体训练	2	14	16
3	健美操	2	14	16

2 学时机动，共计 38 学时。

图书在版编目(CIP)数据

形体训练教程/徐桂云编著．—济南:山东大学出版社,2009.10
(模块化学分制高职高专系列教材)（2013.3 重印)
ISBN 978-7-5607-3973-1

Ⅰ.形…
Ⅱ.徐…
Ⅲ.形态训练-高等学校:技术学校-教材
Ⅳ.G831.3

中国版本图书馆 CIP 数据核字(2009)第 184256 号

山东大学出版社出版发行
(山东省济南市山大南路 27 号　邮政编码:250100)
山　东　省　新　华　书　店　经　销
莱芜市圣龙印务有限责任公司印刷
787×1092 毫米　1/16　5.5 印张　96 千字
2009 年 10 月第 1 版　2013 年 3 月第 3 次印刷
定价:11.00 元